Kosmos Basics

Welcher Baum ist das? Park und Garten

Margot und Roland Spohn

Die Welt der Bäume erkunden

Im Herbst zieht der Japanische Ahorn alle Blicke auf sich.

Die Fülle der Gehölze kennenlernen
In den Parks, Gärten und Städten Mitteleuropas können wir eine große Vielfalt an Bäumen und Sträuchern erleben. Viele dieser Gehölze sind bei uns heimisch und deshalb auch an ihrem Wildstandort in der freien Natur zu finden. Eine große Anzahl von Bäumen und Sträuchern stammt dagegen aus anderen Regionen der Welt und gedeiht deshalb ausschließlich in unseren Parks und Gärten oder wurde entlang von Straßen gepflanzt. Dort sorgen Fachleute dafür, dass sie optimale Bedingungen finden. Gärtner und Landschaftspfleger gießen, düngen und schneiden sie und bekämpfen Krankheiten oder entfernen Konkurrenzgehölze. Bäume und Sträucher haben vielfältige Funktionen. Einige spielen eine Rolle als Holzlieferanten in den Wäldern oder im Obstbau als Nahrungslieferanten. Mit anderen gestalten wir unsere Umgebung. Oft handelt es sich dabei nicht mehr um ursprüngliche Wildarten. Züchter haben durch Kreuzungen und gezielte Auslesen unzählige Sorten geschaffen, die besondere Wuchsformen, Blatt- oder Fruchtmerkmale oder auch Blütengestalten aufweisen.

Duldsame Schattenspender

Wer an einem heißen Sommertag eine dem vollen Sonnenlicht ausgesetzte Verkehrsstraße entlanggeht, sehnt sich sicher nach dem kühlenden Schatten von Bäumen. Kein Sonnenschirm und keine Markise kann das Klima ersetzen, das unter einer dicht belaubten Kastanie im Biergarten oder hinter einer hohen Hainbuchenhecke herrscht. Neben dem Schatten, den das Laub wirft, verdunsten die Blätter auch Feuchtigkeit und sorgen für angenehm ausgleichende Kühle.

Eine dichte Hecke hält darüber hinaus auch Staub und Schmutz von den Straßen aus unseren Gärten fern und filtert Schadstoffe aus der Luft. Es ist schon erstaunlich, wie anspruchslos und duldsam manche Bäume sind. Sie wachsen und blühen in der abgasgeschwängerten Luft von Ausfallstraßen oder entwickeln sich selbst in einbetonierten Baumscheiben an salzgestreuten Straßen ganz prächtig.

Eine Welt aus Formen, Farben und Akzenten

Stadtgärtner, Gartengestalter und Gartenliebhaber spielen gern mit der Vielfalt der Sorten oder kreieren aus ihnen mit der Schere wahre Kunstwerke. Für jeden ist etwas dabei: Blühende Sträucher, Buchskugeln oder säulenförmige Eiben setzen Akzente. Und dank Gehölzen wirken gut geplante Parks und Hausgärten zu jeder Jahreszeit interessant: Im Winter durch besondere Wuchsformen, im Frühling und Sommer durch Blüten und im Herbst manchmal mit einem Feuerwerk an attraktiv gefärbtem Laub.

Wertvoller Lebensraum

Gerade Siedlungen mit ausreichend Bäumen und Sträuchern bieten vielen Tieren eine Wohnstatt und wertvolle Futterquellen. In alten, mächtigen Bäumen brüten Eulen und Spechte, in dichten Sträuchern und Hecken viele andere Vögel. Igel überwintern in Laubhaufen unter den Hecken.

Die Rotblühende Rosskastanie: ein Farbtupfer im Mai

Die Welt der Bäume erkunden

Streuobstwiese mit hochstämmigen Obstbäumen

Bäume und Sträucher bestimmen

Um ein Gehölz zu bestimmen, ist es wichtig, seinen typischen Aufbau zu kennen. Bei einem Baum wächst in der Regel nur ein einzelner Stamm aus dem unterirdischen Wurzelwerk. Von diesem entspringen mehr oder weniger zahlreiche Äste, die sich in Zweige aufteilen. Äste und Zweige bilden in ihrer Gesamtheit die Krone. Bäume sind meist mindestens 5 m hoch, in Gärten und im Obstbau wachsende Sorten können aber auch schon bei viel geringerer Höhe baumförmig sein.

Ein Strauch dagegen bildet mehrere oder auch sehr viele, oft mehr oder weniger ähnlich dicke Stämme oder Haupttriebe. Er ist damit in vielen Fällen schon von der Basis her ziem-

Hier wächst der Gewöhnliche Flieder als Strauch.

lich dicht. Manche Sträucher werden so hoch wie kleine Bäume, viele bleiben jedoch viel niedriger. Manche Gehölze können als Baum und auch als Strauch wachsen. Welche Wuchsform sie annehmen, hängt unter anderem davon ab, wie viel Platz ihnen zur Verfügung steht. Einen großen Einfluss hat auch, ob sie ungestört wachsen dürfen oder ob ein Gärtner sie in eine bestimmte Form schneidet.

Zum Aufbau der Artbeschreibungen

Sie finden die Gehölze nach ihren Blattformen und der Blattanordnung sortiert. Diese Merkmale gehören zu den wichtigsten Erkennungszeichen von Bäumen und Sträuchern (siehe Seite 96 und Umschlaginnenseite hinten).

Allerdings tragen nicht alle Gehölze das ganze Jahr ihr Blätterkleid. Laubabwerfende oder sommergrüne Bäume lassen ihre Blätter im Herbst fallen. Bevor dies geschieht, leuchtet bei vielen von ihnen das Laub in auffälligen Gelb- oder Rottönen. Die meisten Gehölze mit Laubblättern gehören zu dieser Gruppe. Die Beschreibung im Text weist stets auf immergrüne Ausnahmen hin, wie etwa den Buchsbaum.

Immergrüne Bäume tragen auch im Winter ihre Blätter oder Nadeln. Dies ist bei den meisten Nadelgehölzen der Fall. Nur wenige, wie die Lärche, sind im Winter kahl. Auch darauf nimmt der jeweilige Porträttext Bezug.

Die Gewöhnliche Fichte ist ein immergrüner Nadelbaum.

Die Schwarz-Erle verliert im Herbst ihr Laub und steht im Winter kahl.

Die Bäume und Sträucher

Blätter einfach, ganzrandig

- blüht schon im März/April
- gute Bienenweide
- lässt sich als Hecke schneiden

Kornelkirsche, Herlitze
Cornus mas

Aus diesem Gehölz mit sehr hartem Holz stellten die Völker des Altertums Lanzenschäfte her, später verwendete man es für Radspeichen und Holznägel. Die Früchte gehörten schon zum Speiseplan der Steinzeit-Menschen. Besonders gut schmecken sie als Marmelade oder Sirup.

Merkmale Strauch oder kleiner Baum, 3–8 m hoch. Blätter mit bogig verlaufenden Nerven. Kleine gelbe Blüten. Die eiförmigen, glänzend roten Früchte ähneln Kirschen.

Vorkommen Häufig in Gärten und Parks gepflanzt. Wild und verwildert in sonnigen Gebüschen und an Böschungen.

- Zweige im Herbst und Winter auffallend dunkelrot
- Früchte schmecken nicht

Blutroter Hartriegel
Cornus sanguinea

Das harte, zähe Holz kräftiger Äste lieferte früher die Querhölzer von Torriegeln. Junge Zweige lassen sich gut biegen und eignen sich ähnlich wie Weidenruten für Flechtarbeiten. Das Gehölz kann Hänge und Ufer befestigen, da es über Ausläufer dichte Bestände bildet.

Merkmale Strauch, bis zu 5 m hoch. Vierzipflige, weiße Blüten öffnen sich nach dem Laubaustrieb in flachen Ständen. Erbsengroße, schwarze Früchte auf roten Stielen.

Vorkommen Oft mit anderen Sträuchern als Hecke gepflanzt. Wild in Hecken, lichten Wäldern und an Waldrändern.

- auffällige Hochblätter
- erdbeerartiger Fruchtstand
- ausladender Wuchs

Japanischer Blumen-Hartriegel
Cornus kousa

Auf den ersten Blick hat dieses Gehölz größere Blüten als die beiden vorigen Arten. Es sind jedoch je vier zu weißen Hochblättern entfärbte Laubblätter, durch die Insekten die kleinen Blütenstände finden – eine ähnliche Schauwirkung durch Laubblätter wie beim Weihnachtsstern.

Merkmale Strauch oder kleiner Baum, bis zu 6 m hoch. Seitenäste waagerecht in Etagen. Blätter lang zugespitzt, mit bogig verlaufenden Nerven. Blüten von Juni bis Juli.

Vorkommen Steht oft als schönes Ziergehölz in Parks und Gärten. Stammt aus Japan und Korea.

Blätter einfach, ganzrandig

> lässt sich gut in Form schneiden
> immergrüne, kleine Blätter
> in allen Teilen giftig

Buchsbaum
Buxus sempervirens

Schon viele Jahrhunderte steht dieses Gehölz in Gärten als Beetumrandung oder Hecke. Das Laubgehölz wächst extrem langsam. Aus dem sehr harten, feinen Holz fertigen Drechsler schon seit alter Zeit Büchsen, Pfeifenköpfe und Musikinstrumente.

Merkmale Dichter Strauch, selten bis zu 8 m hoher Baum. Blätter mit nach unten gebogenem Rand sitzen an vierkantigen Zweigen. Grünlich weiße Blüten. Frucht holzig, braun.

Vorkommen Sehr häufig in Gärten und Parks angepflanzt. Wild in Südeuropa, wächst dort oft auch baumförmig.

> Früchte können Durchfall oder Erbrechen auslösen
> erträgt Abgase und Salz

Gewöhnliche Schneebeere, Knallerbse
Symphoricarpos albus

Kinder treten gerne auf die schneeweißen bis kirschgroßen Früchte mit dem schwammig weichen Fruchtfleisch. Sie platzen dann mit einem Knall. Das Gehölz stellt sehr geringe Ansprüche an seinen Standort und kann auch schlechte Böden rasch begrünen.

Merkmale Strauch, höchstens 2 m hoch, mit meist eiförmigen Blättern. Rosafarbene, glockige Blüten nur um 5 mm groß. Früchte oft noch im Winter am Strauch vorhanden.

Vorkommen Häufig in Hecken, Gebüschen und an Ufern gepflanzt. Gelegentlich verwildert. Stammt aus Nordamerika.

> erträgt starken Rückschnitt
> Blüten riechen unangenehm
> für den Menschen giftig

Gewöhnlicher Liguster
Ligustrum vulgare

Die ab September reifenden Früchte bleiben oft bis in den Spätwinter am Strauch, bevor sich Vögel für sie interessieren. Diese schlucken die Früchte und scheiden die Samen unverdaut aus. Außer über Samen vermehren Gärtner den Strauch über Zweigstücke.

Merkmale Strauch, bis zu 5 m hoch, mit ledrigen, bis zu 6 cm langen Blättern. Weiße Blüten in kegelförmigen Ständen. Schwarze, bis zu 8 mm große, fleischige Früchte.

Vorkommen In Gärten eine der häufigsten Heckenpflanzen. Wild in lichten Wäldern, Gebüschen und an Waldrändern.

Blätter einfach, ganzrandig

> Blüten duften intensiv
> Blätter fühlen sich glatt an
> braucht viel Sonne

Gewöhnlicher Flieder
Syringa vulgaris

Schon im 16. Jahrhundert blühten in mitteleuropäischen Gärten die ersten Flieder. Heute gibt es rund 900 Sorten, deren Blüten unterschiedlich stark gefüllt sind und die von weiß bis dunkelviolett variieren. Der Handel verkauft oft bereits im Winter blühende Zweige.
Merkmale Kleiner Baum oder Strauch, 2–6 m hoch, mit ei- bis herzförmigen Blättern. Ab April öffnen sich langröhrige Blüten, die in großen, kegelförmigen Blütenständen stehen.
Vorkommen Beliebtes Ziergehölz in Gärten und Parks. Selten an warmen Standorten verwildert. Stammt aus Südosteuropa.

> fingerlange, blaue Blüten
> eiförmige, spitze Frucht mit über 1000 geflügelten Samen

Blauglockenbaum, Kaiser-Paulownie
Paulownia tomentosa

Die Blätter und Blütenstände dieses auffälligen Baums zieren eines der Wappen des japanischen Kaiserhauses. In kalten Wintern erfrieren oft die Blütenknospen. Auch junge Bäume sind frostempfindlich, treiben aber wieder aus. Ihre Blätter werden dann bis zu 50 cm groß.
Merkmale Baum, bis zu 15 m hoch, mit sehr großen, ei- bis herzförmigen Blättern. Braune Blütenknospen ab Herbst sichtbar. Früchte bis zu 4 cm lang, öffnen sich mit zwei Klappen.
Vorkommen Zierbaum aus China. Kommt an Straßen und in Parks besonders in wintermilden Gebieten zum Blühen.

> Früchte ähneln langen Zigarren
> blüht zwischen Juni und August
> prächtige Blütenstände

Gewöhnlicher Trompetenbaum
Catalpa bignonioides

Der Baum treibt im Frühjahr sehr spät aus und wirft beim ersten Herbstfrost seine Blätter ab. Man nennt ihn deshalb »Beamtenbaum« (»kommt spät und geht früh«). Das Blütenmuster weist Insekten den Weg zum Nektar, der sich tief in der Röhre verbirgt.
Merkmale Baum, bis zu 20 m hoch, kurzstämmig, mit großen, herzförmigen Blättern. Blüten trompetenartig, innen gelb und violett gemustert. Früchte bis zu 40 cm lang.
Vorkommen Häufiger Zierbaum in Parks, Gärten und an Straßen. Im Südosten der USA beheimatet.

Blätter einfach, ganzrandig

> blüht vor oder beim Laubaustrieb
> Blüten tulpenförmig
> breit ausladend

Tulpen-Magnolie
Magnolia × soulangiana

Pelzige Schuppen schützen die Blütenknospen vor Frost. Sobald sie im April und Mai aufbrechen, sind die fleischigen Blütenblätter späten Kältewellen ausgesetzt und färben sich dann braun. Oft öffnen sich im Sommer oder frühen Herbst nochmals einzelne Blüten.
Merkmale Strauch oder kleiner Baum, 3–10 m hoch, mit spitzen Blättern. Blüten bis zu 30 cm breit, innen weiß, außen rosa bis purpurn. Frucht meist unregelmäßig, mit roten Samen.
Vorkommen Schöner Zierbaum für geschützte Standorte. Entstand als Kreuzung aus zwei chinesischen Arten.

> offene Blüten wie Sterne
> wird nur gut mannshoch
> pelzige Knospenschuppen

Stern-Magnolie
Magnolia stellata

Magnolien gehören zu den ältesten insektenbestäubten Samenpflanzen. Fossilien belegen, dass sie schon im Kreide-Zeitalter die Erde besiedelten. Damals entstanden auch viele der heutigen Käferarten, die in den Blüten leicht zugänglichen Blütenstaub als Nahrung fanden.
Merkmale Baum, bis 3 m hoch, mit stumpfen Blättern. Blüht von März bis April. Blütenblätter schlank zungenförmig, weiß, bei Zuchtformen auch rosa. Blüten duften.
Vorkommen Häufig in kleineren Gärten kultiviert, da schon als kleines Bäumchen reich blühend. Stammt aus Japan.

> benötigt kalkfreien Boden
> Blüten oft farbig gemustert
> Blätter sehr fest und ledrig

Rhododendron-Hybride
Rhododendron-Hybride

Rhododendren brauchen viel Luft- und Bodenfeuchtigkeit. In Mitteleuropa entwickeln sie sich besonders gut in küstennahen Gebieten mit sandigen oder moorigen Böden.
Merkmale Strauch, immergrün, mit bis zu 15 cm langen Blättern, Blattränder oft nach unten gebogen. Breit glockige, bis zu 10 cm große Blüten öffnen sich von Mai bis Juni. Blütenstände leuchten weiß, rosa, violett oder auch gelb.
Vorkommen Beliebtes Park- und Gartengehölz. Entstand durch Zucht aus amerikanischen und ostasiatischen Arten.

Blätter einfach, ganzrandig

> - vierklappiger Fruchtbecher mit zwei dreikantigen Bucheckern
> - Holz rötlich

Rot-Buche
Fagus sylvatica

Buchenholz ist fest und zäh, aber nur wenig elastisch. Schreiner stellen daraus Möbel und Parkett her, es eignet sich auch gut für Spielzeug und Küchengeräte. Früher ritzten die Germanen ihre Schriftzeichen in Buchenstäbe. Ab dem 6. Jahrhundert verwendeten Schreiber Buchenbrettchen als Tafeln und banden diese zu Büchern. In Parks stehen oft Sorten mit interessanter Gestalt oder abweichenden Merkmalen der Blätter. Häufig sind die Hänge-Buche mit bis zum Boden hängenden Zweigen und die Blut-Buche, deren Laub schon ab dem Frühjahr schwarzrot gefärbt ist.
Merkmale Baum, 25–40 m hoch, mit glatter, grauer Rinde. Blätter elliptisch bis eiförmig, am Rand etwas wellig und fein behaart. Blüten erscheinen mit dem Laubaustrieb, männliche sind besonders zahlreich und bilden hängende Köpfchen.
Vorkommen Einer der häufigsten Waldbäume Mitteleuropas. Oft im Forst und in Parks, seltener in Gärten gepflanzt.

> - Früchte apfel- oder birnenförmig, reife duften intensiv
> - etwas frostempfindlich

Echte Quitte
Cydonia oblonga

Bei den Griechen und Römern spielte das Gehölz eine wichtige Rolle in der Küche und in der Heilkunde. Sie aßen die Früchte als Süßspeisen, ließen sie zu Wein vergären und tranken den Saft gegen Hals- und Brustleiden. Die Römer brachten das Gehölz über die Alpen zu uns. Einige Zeit war es etwas aus der Mode, ist aber mittlerweile wieder im Kommen. Weltweit gibt es heute rund 200 Sorten. Roh schmecken die im Oktober oder November reifenden Früchte herb und zusammenziehend. Gekocht liefern sie jedoch hervorragenden Saft, Marmelade und Gelee. Besonders aromatisch schmecken die Birnenquitten.
Merkmale Strauch oder kleiner Baum, 4–6 m hoch, mit breiter Krone. Blätter eiförmig, unterseits dicht filzig behaart. Bis zu 5 cm breite, weiße bis rosa Blüten öffnen sich im Mai oder Juni einzeln an den Enden junger Zweige. Goldgelbe Früchte bis zu 15 cm lang, von einem abwischbaren Filz bedeckt.
Vorkommen Obstgehölz in Gärten und auf Obstbaumwiesen, auch auf steinigen Böden. Aus Westasien eingeführt.

Blätter einfach, ganzrandig

> - Blätter immergrün, glänzend, ähneln denen des Lorbeers
> - in allen Teilen giftig

Lorbeer-Kirsche, Kirschlorbeer
Prunus laurocerasus

Von diesem Gehölz gibt es viele Zuchtformen. Einige neigen zu Blattschäden. Frost und Sonne bräunen sie im Winter. Käfer aus der Gruppe der Dickmaulrüssler fressen Kerben in die Blattränder. Bei der Schrotschusskrankheit sorgt ein Pilz für runde Löcher in den Blättern.
Merkmale Strauch, breit buschig, seltener Baum, bis zu 6 m hoch. Blätter am Rand manchmal auch gesägt. Blüten in bis zu 20 cm langen Ständen. Erbsengroße Früchte reifen über Rot nach Schwarz.
Vorkommen Häufig als Zier- und Heckengehölz angepflanzt. Heimisch in Südosteuropa und Kleinasien.

> - Blüten auch am Stamm
> - bevorzugt wärmere Standorte
> - blüht vor dem Laubaustrieb

Gewöhnlicher Judasbaum
Cercis siliquastrum

Der Baum zählt zu den biblischen Pflanzen. Nach einer Legende erhängte sich Judas an diesem Baum und die Blüten färbten sich deshalb vor Scham rot. Andere vergleichen die unterseits silbrigen Blätter mit den 30 Silberlingen, die der Verräter als Lohn erhielt.
Merkmale Baum, bis zu 10 m hoch, mit runden bis nierenförmigen Blättern. Rosa Blüten in Büscheln. Flache, bis zu 10 cm lange braune Früchte bleiben über den Winter am Baum hängen.
Vorkommen Auffälliger Zierbaum in Parks und Gärten. Stammt aus dem östlichen Mittelmeergebiet.

> - zerriebene Blätter duften
> - leuchtend rote Herbstfärbung
> - flauschige Fruchtstände

Europäischer Perückenstrauch
Cotinus coggygria

Die meisten der vielen Blüten sind unfruchtbar und fallen ab. Ihre Stiele wachsen jedoch weiter. Aus ihnen sprießen abstehende Haare. So entstehen im Spätsommer perückenartig wirkende Fruchtstände, in denen sich der Wind verfängt. Er reißt sie ab und bläst sie davon.
Merkmale Strauch, bis zu 5 m hoch. Lang gestielte, dünne, eiförmige Blätter, je nach Sorte graugrün bis schwarzrot. Unscheinbare Blüten in großen Blütenständen.
Vorkommen Ziergehölz in sonnigen Gärten und Parks. Wild in warmen Wäldern und Gebüschen Südeuropas.

Blätter einfach, ganzrandig

> - oft grüne, rote und schwarze Früchte beieinander
> - Rinde riecht faulig

Faulbaum
Frangula alnus

Die Zweige lieferten früher Holzkohle für Schwarzpulver. Deshalb heißt das Gehölz auch »Pulverholz«. Die Rinde dient als zuverlässiges Abführmittel. Sie hat jedoch Nebenwirkungen und darf deshalb nur kurzfristig verwendet werden.

Merkmale Lockerer Strauch oder Baum, bis zu 4 m hoch, mit hell getüpfelten Zweigen. Blätter breit eiförmig. Blüten gelbgrün, stehen in den Blattachseln. Früchte erbsengroß.

Vorkommen An feuchte Standorte in Parks gepflanzt. Gedeiht wild in Auenwäldern, feuchten, lichten Wäldern und in Mooren.

> - sehr stark dornig
> - erträgt Salz
> - Früchte überdauern oft den Winter

Gewöhnlicher Sanddorn
Hippophae rhamnoides

Die Früchte lassen sich nur mühsam von den Ästen zupfen. Besser quetscht man sie direkt am Zweig und fängt den Saft auf. Dieser enthält viel Vitamin C und steigert die Abwehrkraft. Das fette Öl aus Samen und Fruchtfleisch pflegt die Haut und fördert die Wundheilung.

Merkmale Strauch, bis zu 5 m hoch, männlich oder weiblich. Blätter länglich, silbergrau. Blüten bräunlich. Erbsengroße, orangerote Früchte reifen ab September.

Vorkommen Oft an Autobahnen und Böschungen gepflanzt. Wächst wild in Küstengebieten und an Alpenflüssen.

> - Blattrand nach unten umgerollt
> - Stamm meist schief, krüppelig
> - männlich oder weiblich

Korb-Weide
Salix viminalis

Wenn Korbflechter diese Weide regelmäßig im späten Winter schneiden, treibt sie jährlich bis über 2 m lange, sehr elastische Zweige. Diese verarbeiten sie ungeschält zu gröberen Geflechten. Für Körbe schälen sie die Ruten, für feine Geflechte spalten sie sie längs.

Merkmale Strauch, seltener kleiner Baum, 3–5 m hoch. Blätter schmal lanzettlich, unterseits dicht seidig behaart. Blütenkätzchen erscheinen im März oder April kurz vor dem Laubaustrieb.

Vorkommen Steht als gestalterisches Element in Parks. Wild auf nassen Böden in Auengebüschen und an Ufern.

Blätter einfach, gekerbt bis gesägt

> - Baum männlich oder weiblich
> - Blätter herzförmig, färben sich im Herbst gelb bis rot

Katsurabaum
Cercidiphyllum japonicum

Im Herbst duften abgefallene, feuchte Blätter nach Lebkuchen und Gebäck. Der Baum heißt deshalb auch »Kuchenbaum«. In Japan ist er der höchste Laubbaum. Japaner stellen aus dem wertvollen, schön gemaserten Holz Möbel und Innenverkleidungen her.
Merkmale Baum, 5–20 m hoch, oft mehrstämmig. Blätter teils gegen-, teils wechselständig. Unscheinbare Blüten öffnen sich vor dem Laub. Längliche, bis zu 2,5 cm lange Früchte.
Vorkommen Wächst gelegentlich als exotisch anmutender Baum in Parks und Gärten. Heimisch in Ostasien.

> - Zweige meist dornig
> - Blätter mit bogig zur Spitze laufenden Seitennerven

Echter Kreuzdorn, Purgier-Kreuzdorn
Rhamnus cathartica

Die Früchte führen zu Durchfall und Erbrechen. Sie eignen sich auch als Abführmittel, dürfen aber nur kurzfristig und sparsam angewandt werden. An den Blättern fressen Zitronenfalter-Raupen. Sie fallen kaum auf, da sie grün sind und sich oft an der Mittelrippe aufhalten.
Merkmale Sparriger Strauch oder kleiner krummer Baum, 2–8 m hoch. Kleine, gelblich grüne Blüten im Mai. Erbsengroße, kugelige Früchte färben sich über Rot nach Schwarzviolett.
Vorkommen In Wildgärten, Hecken und an Straßen gepflanzt. Besiedelt wild trockene Waldränder und sonnige Hecken.

> - Zweige oft mit vier Kanten
> - alle Teile für uns giftig
> - Samen für Vögel ungiftig

Gewöhnliches Pfaffenhütchen
Euonymus europaea

Im späten Frühjahr sitzen oft Raupen von Gespinstmotten in dichten Gespinsten am Strauch und fressen die Blätter. Die Form der Früchte erinnert an eine Mitra, die Kopfbedeckung katholischer Priester.
Merkmale Strauch, meist nur bis zu 3 m hoch, seltener kleiner Baum. Blätter breit oval. Kleine, grünliche Blüten im Mai und Juni. Rosa bis purpurrote Früchte öffnen sich mit vier Klappen, darin Samen mit orangefarbenem, fleischigem Mantel.
Vorkommen Häufig angepflanztes Ziergehölz. Wächst wild an Waldrändern, in Hecken, Auenwäldern und an Bachufern.

Blätter einfach, gekerbt bis gesägt

> - Blütenfarbe je nach Sorte weiß bis dunkelviolett
> - blüht im Sommer

Sommerflieder, Schmetterlingsstrauch
Buddleya davidii

Wer gerne Schmetterlinge beobachtet, sollte diesen Strauch in den Garten pflanzen. Besonders Tagfalter saugen mit ihrem Rüssel den Nektar aus den langen Blütenröhren. Sie fliegen oft von weit her zu den Sträuchern. Der Artenreichtum der Schmetterlinge hängt jedoch nicht von den Nahrungspflanzen für diese ab. Entscheidend ist vielmehr, ob die richtigen Futterpflanzen für ihre Raupen verfügbar sind. Das Gehölz friert in kalten Wintern oft weit zurück, treibt aber wieder neu aus. Es lässt sich einfach über Samen oder Stecklinge vermehren.

Merkmale Strauch, 1–3 m hoch, lichtliebend, mit vierkantigen Zweigen und lanzettlichen, unterseits graufilzigen Blättern. Zylindrische, dichte Blütenstände aufrecht bis übergebogen, bis über 30 cm lang. Blüten vierzipflig, duften nach Honig.

Vorkommen Zierstrauch in Gärten. Häufig verwildert auf Ödflächen und an Bahndämmen. Stammt aus China.

> - blüht vor dem Laubaustrieb
> - Blüten mit vier langen Zipfeln
> - Zweige stark warzig

Forsythie, Goldglöckchen
Forsythia × intermedia

Die anspruchslosen Sträucher entfalten ihre gelbe Blütenpracht über mehrere Wochen hinweg und begeistern viele Gartenbesitzer. Sie lassen sich sehr leicht kultivieren und bleiben von Schädlingen und Krankheiten weitgehend verschont. Wer jedoch in einem Naturgarten den Insekten früh blühende Sträucher als Nahrungsquelle bieten möchte, sollte lieber auf Weiden oder Kornelkirschen zurückgreifen. Honig- und Wildbienen besuchen in Mitteleuropa kaum einmal Forsythien, obwohl ihre Blüten zuckerhaltigen Nektar und eiweißreichen Blütenstaub als Nahrung anbieten. Warum sie unseren heimischen Insekten nicht zusagen, ist noch rätselhaft.

Merkmale Strauch, bis zu 3 m hoch, mit aufrechten bis überhängenden Ästen. Blätter im vorderen Teil gesägt. Dicht gedrängt sitzende Blüten öffnen sich ab April vor den Blättern. Blüte trichterförmig, hell- bis dunkelgelb.

Vorkommen Steht als Zierstrauch in vielen Gärten, Parks und an Straßen. Kreuzung aus zwei chinesischen Arten.

Blätter einfach, gekerbt bis gesägt

- > bildet kleine Igelfrüchte
- > »Perlmuttstrauch«
- > kaum anfällig für Schädlinge

Kolkwitzie
Kolkwitzia amabilis

Das Gehölz wird mit zunehmendem Alter immer prächtiger. Es schmückt sich ab Mitte Mai bis in den Juni mit langen Kaskaden zarter Blüten. Diese locken Bienen und Hummeln an. Die orange Zeichnung in der Blüte weist den Bestäubern den Weg zum Nektar.
Merkmale Strauch, 2–3 m hoch, dicht, mit überhängenden Zweigen. Blätter breit eiförmig, mit langer Spitze. Blüten fünfzipflig, rosaweiß, innen behaart und gemustert.
Vorkommen Der sehr häufig in Gärten und Parks gepflanzte Blütenstrauch bevorzugt freie Standorte. In China beheimatet.

- > duftet stark und angenehm
- > erträgt starken Frost
- > braucht viel Sonne

Bodnant-Schneeball
Viburnum × bodnantense

Das Gehölz fällt durch die ungewöhnliche Blütezeit auf. Ab Oktober öffnen sich die ersten Blüten, denen auch eine Schneehaube nichts anhaben kann. Erst stärkere Fröste unterbrechen die Blüte bis in den Februar. Obwohl der Strauch üppig blüht, bildet er keine Früchte.
Merkmale Strauch, bis zu 3 m hoch, aufrecht, mit derben, elliptischen Blättern. Blüten sitzen in Büscheln beieinander, in der Knospe tiefrosa, geöffnet hellrosa, innen fast weiß.
Vorkommen Ziert Gärten und Parkanlagen. Entstand um 1933 als Kreuzung zweier asiatischer Arten.

- > Blatt unterseits graubraun filzig
- > Früchte färben sich von Rot nach Schwarz

Wolliger Schneeball
Viburnum lantana

In milden Gegenden kann der Strauch auch im Winter einen Teil der Blätter behalten. Die jung filzig behaarten Zweige sind sehr zäh und biegsam. Bauern banden mit ihnen früher Heuballen zusammen.
Merkmale Strauch, 2–4 m hoch, mit runzeligen, eiförmigen Blättern. Bis zu 10 cm breite, gewölbte Blütenstände öffnen sich von Mai bis Juni. Blütenknospen rosa, geöffnete Blüten schmutzig weiß. Früchte eiförmig, etwas abgeflacht, reifen ab Oktober.
Vorkommen Häufig gepflanzt. Wächst wild an sonnigen Waldrändern, in lichten Wäldern und auf trockenen Hängen.

Blätter einfach, gekerbt bis gesägt

> - bildet oft mehrere Stämme
> - frisches Holz orangerot
> - Blätter vorn eingebuchtet

Schwarz-Erle
Alnus glutinosa

Erlen tragen an den Wurzeln Knöllchen mit Bakterien, die Stickstoff aus der Luft binden und ihn für die Bäume verfügbar machen. Sattler und Schuhmacher legten früher Erlenrinde und Eisen einige Tage gemeinsam in Wasser. Mit der dunklen Flüssigkeit schwärzten sie Leder.
Merkmale Baum, bis zu 25 m hoch, mit rundlichen Blättern. Männliche und weibliche Blütenkätzchen vor dem Laubaustrieb. Zapfenförmige Fruchtstände bis zu 2 cm lang, reif dunkelbraun.
Vorkommen Typischer Baum auf nassen Böden in Auen und an Bächen. Gut geeignet für Schutzpflanzungen.

> - Rinde weiß, blättert in papierdünnen Schichten ab
> - Zweige überhängend

Hänge-Birke, Weiß-Birke
Betula pendula

Die weiße Farbe der Rinde reflektiert die Sonnenstrahlen, sodass sich der Baum nicht überhitzt. Früher spielte die widerstandsfähige Rinde eine wichtige Rolle im Bootsbau und als Dachabdeckung. Tee und Arzneimittel aus den Blättern helfen gegen Blasen- und Nierenleiden.
Merkmale Baum, bis zu 25 m hoch, länglich, mit lockerem Wuchs. Blätter dreieckig bis rautenförmig, färben sich im Herbst gelb. Blütenkätzchen vor oder mit dem Laubaustrieb.
Vorkommen Malerischer Zierbaum für Gärten und Alleen. Steht wild auf Heiden, Waldschlägen und in Mooren.

> - Früchte fliegen schraubig davon
> - Blätter faltig wie Wellpappe
> - lässt sich in Form schneiden

Hainbuche, Weißbuche
Carpinus betulus

Das Holz ist das härteste und schwerste aller heimischen Bäume. Früher lieferte es Hackklötze, Radachsen, Speichen sowie Zahnräder. Anders als das Holz der Rot-Buche ist es fast weißlich gefärbt.
Merkmale Baum, ein- oder vielstämmig, bis zu 25 m hoch, geschnittene Formen sehr dicht wachsend. Blätter elliptisch bis eiförmig, bis zu 10 cm lang. Früchte hängen in Büscheln, jede Frucht sitzt an einem bis zu 4 cm langen, dreilappigen Blatt.
Vorkommen Häufig als Hecke, Windschutz oder Straßenbaum gepflanzt. Wild in Laubwäldern und Feldgehölzen.

Blätter einfach, gekerbt bis gesägt

- > schöner Winterblüher
- > mehrere Sorten im Handel
- > Blätter im Herbst gelb bis rot

Hybrid-Zaubernuss
Hamamelis × intermedia

Ab Dezember öffnet dieser Strauch seine Blüten. Es grenzt fast an Zauberei, wie sich die Blütenblätter bei Frost einrollen und bei milder Witterung wieder unbeschädigt strecken. Die Früchte reifen ab Oktober. Sie platzen auf und schleudern die Samen einige Meter weit fort.
Merkmale Strauch, 3–5 m hoch, mit schräg aufwärts wachsenden Zweigen. Blätter oft ungleichseitig, ähneln denen der Hasel. Blüten mit vier gelben bis roten, riemenartigen Blütenblättern.
Vorkommen Als Ziergehölz in Gärten geschätzt. Entstand aus der Kreuzung einer chinesischen und einer japanischen Art.

- > tief geschlitzte, klebrige Hüllen um die Nüsse
- > Nusskerne essbar

Baum-Hasel
Corylus colurna

Im Herbst lösen sich die Nüsse aus den Hüllen oder fallen mit diesen in Ballen auf den Boden. Besonders wenn Autos die sehr harten Nüsse geknackt haben, fallen oft Scharen von Vögeln darüber her. Das schön gemaserte Holz eignet sich für Möbel und Schnitzarbeiten.
Merkmale Baum, 10–20 m hoch, mit geradem Stamm, regelmäßig kegelförmig wachsend. Blätter breit eiförmig, an der Basis herzförmig. Lange Blütenkätzchen vor dem Laubaustrieb.
Vorkommen Häufig als robuster Straßen- und Alleebaum gepflanzt. Stammt aus Südosteuropa und Kleinasien.

- > sehr elastische Stämme und Zweige
- > mehrere Sorten
- > Pollen wird vom Wind verblasen

Gewöhnliche Hasel
Corylus avellana

Die männlichen Blütenkätzchen locken oft schon im Februar Bienen an. Der Blütenstaub löst bei vielen Menschen Heuschnupfen aus. Die Nüsse enthalten fettes Öl, Eiweiß sowie Vitamine und Mineralstoffe. Sie schmecken gut und helfen als »Nervennahrung«.
Merkmale Strauch mit ziemlich geraden Stämmen, 2–7 m hoch. Als Korkenzieher-Hasel auch mit gewundenen Zweigen. Blätter oval oder rundlich. Nüsse in glockenförmigen Fruchthüllen.
Vorkommen Wächst wild in lichten Laubwäldern, Hecken und an Waldrändern. Oft in Parks und Gärten gepflanzt.

Blätter einfach, gekerbt bis gesägt

> - sehr stachelige Fruchthülle springt mit vier Klappen auf
> - Blüten riechen unangenehm

Ess-Kastanie, Edel-Kastanie
Castanea sativa

Die braunen, glatten Früchte enthalten viele Kohlenhydrate und etwas Fett. Geröstet oder gekocht lassen sich diese Maronen recht gut schälen und schmecken süßlich-aromatisch. Früher zählten Maronen zu den Grundnahrungsmitteln.
Merkmale Baum, 10–30 m hoch, breitkronig, oft fast kugelig, bis zu 30 cm lange, lanzettliche Blätter. Die bis handlangen, gelblichen Blütenkätzchen öffnen sich von Juni bis Juli.
Vorkommen Gedeiht in Weinbaugebieten in Wäldern und als Zierbaum in Parks. Stammt ursprünglich aus Kleinasien.

> - Zweige mit erhabenen Leisten
> - als Schnitthecke geeignet
> - Früchte reifen schon im Mai

Feld-Ulme
Ulmus minor

Diese Ulme ist sehr anfällig für das Ulmensterben. Ein Käfer überträgt den verantwortlichen Schadpilz auf die Bäume. Dieser verstopft deren Leitungsbahnen. Kreuzungen mit anderen Ulmen sind robuster.
Merkmale Baum, bis über 30 m hoch. Blätter oberseits glatt, sitzen wie bei allen Ulmen mit ungleichen Hälften schief am Stiel. Rötliche Blütenbüschel ab März. Same im oberen Drittel eines häutigen, elliptischen Fruchtflügels.
Vorkommen Besonders in Kreuzungen mit anderen Ulmen oft in Parks und an Straßen. Wild in Auen- und Mischwäldern.

> - immergrün
> - Blattrand meist stark stachelig
> - in allen Teilen stark giftig

Gewöhnliche Stechpalme
Ilex aquifolium

Besonders im Winter fressen Vögel die rot glänzenden Früchte und scheiden die Samen unverdaut aus. Gärtnereien verkaufen fruchtende Zweige für die Weihnachtsdekorationen und als Grabschmuck.
Merkmale Strauch oder bis zu 8 m hoher Baum, männlich oder weiblich. Ledrige Blätter glänzen oberseits dunkelgrün. Bei Sorten auch Blätter mit hellen Rändern oder Flecken. Blüten weiß. Früchte erbsengroß, reifen ab September.
Vorkommen Viele Züchtungen in Gärten und Parks. Die selten wild in Wäldern wachsenden Exemplare sind geschützt.

Blätter einfach, gekerbt bis gesägt

> - Blattstiel mit rötlichen Drüsen
> - süß schmeckende Früchte locken Vögel an

Süß-Kirsche, Vogel-Kirsche
Prunus avium

Schon die Menschen der Jungsteinzeit aßen die süßen Früchte der Vogel-Kirsche. Die alten Griechen züchteten aus der Wildform die ersten Süß-Kirschen. Die heutigen Sorten haben bis zu 2,5 cm große, gelbe bis fast schwarze Früchte, die zwischen Mai und August reifen.
Merkmale Baum, 8–20 m hoch, mit warzig geringelter Rinde. Blätter eiförmig bis elliptisch, unterseits behaart. Bis zu 5 cm lang gestielte, weiße Blüten erscheinen kurz vor den Blättern.
Vorkommen In vielen Sorten als veredeltes Obstgehölz kultiviert. Wild an Waldrändern, in Hecken und Wäldern.

> - blüht nach der Süß-Kirsche
> - Früchte schmecken sauer
> - hell- bis dunkelrote Sorten

Sauer-Kirsche, Weichsel
Prunus cerasus

Die bekannteste Sorte ist die Schattenmorelle. Sie stammt aus den Gärten des französischen Chateau de Moreille. Daraus entstand ihr deutscher Name. Als Standort bevorzugt sie jedoch volle Sonne.
Merkmale Schwach wachsendes Gehölz, bis zu 10 m hoch, mit oft dünnen, überhängenden Ästen. Blätter oberseits glänzend, unterseits höchstens auf den Nerven behaart. Weiße Blüten bis zu 3,5 cm lang gestielt, zu zwei bis vier beieinander. Früchte ab Juni.
Vorkommen Als Obstbaum oder -strauch kultiviert. Stammt aus Westasien und kam durch die Römer nach Europa.

> - üppige Blütenpracht
> - bildet keine essbaren Früchte
> - viele verschiedene Sorten

Japanische Blüten-Kirsche
Prunus serrulata

Japaner züchten diese Zierkirsche schon seit zwei Jahrtausenden. Fast die Hälfte aller in ihren Städten wachsenden Laubbäume sind Zierkirschen. Im Frühjahr verwandeln sich diese in ein Blütenmeer und die Japaner feiern das Kirschblütenfest »Hanami«.
Merkmale Baum, 3–15 m hoch, oval, säulen- oder trichterförmig. Spitze Zähne am Blattrand laufen in bis zu 2 mm lange Grannen aus. Blüten bis zu 5 cm breit, weiß, rosa oder rötlich.
Vorkommen Ziert in vielen Sorten Gärten und Grünanlagen. Wildformen in Ostasien beheimatet.

Blätter einfach, gekerbt bis gesägt

> - Blüten in lockeren Trauben
> - erbsengroße Früchte schmecken bitter

Gewöhnliche Traubenkirsche
Prunus padus

Dieses Gehölz enthält in allen Teilen Substanzen, die Blausäure abspalten und damit giftig sind. Durch Kochen verflüchtigt sich die Säure, sodass sich die Früchte für Marmelade verwenden lassen. Der Baum saugt viel Wasser aus dem Boden und entwässert dadurch nasse Flächen.
Merkmale Großer Strauch oder bis zu 12 m hoher Baum. Blätter mit zwei Drüsen am Stiel. Die Blüten öffnen sich von April bis Mai.
Vorkommen Wild auf nassem Boden an Waldrändern und Flussufern. In Parks gibt es auch eine Sorte mit rosa Blüten.

> - Blüten meist einzeln
> - Fruchtfleisch löst sich nur schlecht vom Stein

Kirschpflaume, Myrobalane
Prunus cerasifera

Gärtner veredeln Kirschen und Pflaumen oft auf dieses robuste Gehölz. Die Unterlage versorgt die Edelsorte mit Wasser und Nährstoffen. Oft treibt sie jedoch selbst Zweige und kann die Sorte überwuchern.
Merkmale Strauch oder bis zu 8 m hoher, oft mehrstämmiger Baum. Grünblättrige Formen mit weißen, rotblättrige Sorten – sogenannte Blutpflaumen – mit rosa Blüten. Bis zu 3 cm große kugelige, essbare Früchte in Gelb bis Dunkelrot oder marmoriert.
Vorkommen Im Obstbau als Veredlungsunterlage verwendet, oft verwildert. Zierformen in Gärten. Stammt aus Westasien.

> - Früchte schwach giftig
> - schwarze und rote Früchte
> - Blüten riechen intensiv

Gewöhnliche Schlehe, Schwarzdorn
Prunus spinosa

In den dornigen Sträuchern finden Vögel und kleine Säuger Schutz, um ihre Jungen aufzuziehen. Die Früchte schmecken stark zusammenziehend und verursachen ein pelziges Gefühl im Mund. Erst nach den ersten Frösten eignen sie sich für Marmelade und Likör.
Merkmale Strauch, lanzettliche, bis zu 5 cm lange Blätter. Weiße, bis zu 1,5 cm breite Blüten öffnen sich von März bis April. Kugelige Früchte, bis zu 1,5 cm dick, anfangs blau, später schwarzblau.
Vorkommen Bildet undurchdringliche, bis zu 4 m hohe Gestrüppe an Waldrändern, in Hecken und an Straßenrändern.

Blätter einfach, gekerbt bis gesägt

> Blüten meist zu zweit
> über 200 Sorten bekannt
> Wuchs oft besenartig

Pflaume, Zwetschge
Prunus domestica

Obstkenner unterscheiden bei den Früchten große, rundliche, blauviolette oder rötliche Pflaumen, längliche, blauviolette Zwetschgen, kleine, runde, gelbe Mirabellen und größere, grüne, saftige Renekloden. Jede schmeckt etwas anders.
Merkmale Baum, 3–10 m hoch, Blätter oval, unterseits oft samtig behaart. Blüten auf behaarten Stielen, erscheinen vor oder mit dem Laubaustrieb. Fruchtfleisch löst sich gut vom Steinkern.
Vorkommen In vielen Sorten als Obstbaum angepflanzt und gelegentlich verwildert. Ursprünglich aus Vorderasien.

> braucht viel Wärme
> lange, dunkelrote Blattstiele
> Früchte fein samtig behaart

Aprikose, Marille
Prunus armeniaca

Die ersten Aprikosen kamen nach den Armenienfeldzügen des römischen Kaisers Nero nach Griechenland und Rom. Die Früchte sind reich an Mineralstoffen und Vitaminen. Aus den Samen stellt man marzipanähnliches Persipan und pflegendes Öl für Naturkosmetika her.
Merkmale Baum, 4–8 m hoch, breit ausladend, mit ei- bis herzförmigen Blättern. Blüten weiß, rötlich überlaufen, öffnen sich ab März. Kugelige bis eiförmige Früchte mit glattem Steinkern.
Vorkommen Als Obstbaum an geschützten Standorten in wintermilden Gebieten kultiviert. Stammt aus Asien.

> tiefrosa Blüten
> tief gefurchte Fruchtkerne
> Früchte oft mit roten Backen

Pfirsich
Prunus persica

Je nach Sorte haben die aromatischen Früchte weißes oder gelbes Fruchtfleisch. Neuerdings gibt es auch eine abgeflachte Sorte, den Platt-Pfirsich. Die Nektarine ist eine Varietät des Pfirsichs mit unbehaarter Schale. Sie heißt deshalb auch Nacktpfirsich.
Merkmale Baum, 3–10 m hoch, oft rundlich. Blätter breit lanzettlich, bis zu 15 cm lang. Blüten erscheinen vor dem Laubaustrieb. Früchte 5–7 cm dick, flaumig behaart.
Vorkommen Gedeiht als Obstbaum besonders in Gebieten mit Weinbauklima. Kommt ursprünglich aus China.

Blätter einfach, gekerbt bis gesägt

> - Blütenblätter außen rötlich
> - gelbe Staubbeutel
> - weltweit über 20 000 Sorten

Kultur-Apfel
Malus domestica

Allein in Deutschland soll es über 1000 verschiedene Sorten geben, die meisten stehen nur noch in wenigen Exemplaren in Hausgärten. Kultur-Äpfel benötigen eine zweite Apfel-Sorte in der Nähe. Sie ist als Spender von Pollen erforderlich, um die Blüten zu befruchten. Die Früchte alter Sorten weisen meist viel Fruchtsäure auf, neuere Sorten schmecken eher süß und fad. Äpfel gelten als »medizinisches Obst«, da sie die Darmtätigkeit regulieren. Verantwortlich dafür sind Pektine. Außerdem enthalten sie wichtige Vitamine und Mineralstoffe.

Merkmale Baum, 2–15 m hoch, meist mit einigen kräftigen Ästen, oft ohne durchgehenden Hauptstamm. Blätter unterseits weich behaart. Blüten öffnen sich im April und Mai. Früchte rundlich bis länglich, grün bis dunkelrot.

Vorkommen In zahlreichen Sorten kultiviertes Obstgehölz, verwildert gelegentlich in Gebüschen und an Waldrändern.

> - blüht früher als Kultur-Apfel
> - Staubbeutel immer rot
> - weltweit etwa 1500 Sorten

Kultur-Birne
Pyrus communis

Die Lagerfähigkeit von Birnen ist nicht so gut wie die von Äpfeln. Sie sind druckempfindlich, reifen rasch nach und werden bald überreif. Bei vielen Sorten knacken besonders unreife Früchte beim Kauen zwischen den Zähnen. In ihrem Fruchtfleisch sitzen Gruppen mit steinharten Zellen, die den Wert der Früchte mindern. Die Blätter zeigen im Sommer und Herbst oft orangerote Flecke auf der Oberseite und herausragende Pusteln auf der Unterseite. Solche Blätter sind vom Birnen-Gitterrost befallen. Dieser Pilz besiedelt abwechselnd Birnen und Wacholder, schädigt aber beide nicht wesentlich.

Merkmale Baum, meist höher als breit, bis zu 25 m hoch, meistens mit durchgehendem Hauptstamm oder starken, aufstrebenden Ästen. Blätter rundlich bis eiförmig, oft lang gestielt, ledrig. Früchte je nach Sorte grün bis gelblich rot, typisch birnenförmig, aber auch fast rund.

Vorkommen Seit dem Altertum kultiviert, wächst in Gärten, auf Streuobstwiesen und in Plantagen, oft als Spalier gezogen.

Blätter einfach, gekerbt bis gesägt

> Früchte schmecken fad
> erträgt Trockenheit
> gut als Straßenbaum

Gewöhnliche Mehlbeere
Sorbus aria

Getrocknete Mehlbeeren-Früchte lassen sich zu Mehl vermahlen. In Notzeiten streckten unsere Vorfahren damit ihr Getreidemehl und konnten ein süßlich schmeckendes Brot daraus backen.
Merkmale Baum, 3–15 m hoch, der besonders bei Wind durch die unterseits weißfilzigen Blätter auffallend hell leuchtet. Weiße Blüten in breiten Blütenständen im Mai oder Juni. Kugelige, rot-orange, etwas behaarte Früchte etwa 1 cm groß.
Vorkommen Häufig gepflanzt. Gedeiht wild in trockenen, sommerwarmen Laubwäldern, Gebüschen und auf Felsen.

> auffällig lange Kelchblätter an Blüten und Früchten
> eignet sich auch als Ziergehölz

Echte Mispel, Deutsche Mispel
Mespilus germanica

In der Antike brachten die Römer das westasiatische Gehölz nach Mitteleuropa. Hier breitete es sich als Lieferant für Obst und Most und als Heilmittel aus. Mostereien nutzen die gerbstoffreichen Früchte, um Most zu klären und haltbar zu machen. Nach Frost schmecken die Früchte süß-säuerlich, davor sind sie roh ungenießbar.
Merkmale Baum oder Strauch, 3–6 m hoch, ausladend. Blüten bis zu 6 cm groß. Apfelförmige Früchte vorn vertieft.
Vorkommen Heute nur noch selten kultivierte Rarität, in Weinbaugebieten gelegentlich verwildert.

> austreibende Blätter kupferrot
> Früchte schmecken etwas nach Heidelbeeren

Kupfer-Felsenbirne
Amelanchier lamarckii

Gleichzeitig mit dem Laubaustrieb schmückt sich dieses Ziergehölz mit vielen Blüten. Im Sommer erfreut es uns und viele Vögel mit essbaren Früchten. Im Herbst leuchtet sein Laub orange bis rot.
Merkmale Strauch, 6–8 m hoch, manchmal so gezogen, dass die Krone auf einem kahlen Stamm sitzt. Blätter elliptisch. Weiße Blüten mit länglichen Blütenblättern öffnen sich im Mai. Früchte bis zu 1 cm dick, färben sich über rot nach schwarzpurpurn.
Vorkommen Steht häufig in Gärten und Parks, gelegentlich auch an Straßen. Heimisch im östlichen Nordamerika.

Blätter einfach, gekerbt bis gesägt

> Früchte je nach Sorte gelb bis dunkelrot
> lässt sich zu Hecken schneiden

Mittelmeer-Feuerdorn
Pyracantha coccinea

Das stark dornige Gehölz bildet undurchdringliche Gebüsche, in denen Vögel Unterschlupf suchen und ihre Nester anlegen. Besonders nach den ersten Frösten fressen einige Arten gern die Früchte. Bis dahin sorgen diese für einen hohen Zierwert der Sträucher.
Merkmale Sparriger Strauch, bis zu 3 m hoch. Blätter ledrig, 2–4 cm lang. Weiße Blüten in dichten Ständen entwickeln sich zu erbsengroßen Früchten, die an kleine Äpfel erinnern.
Vorkommen Steht in verschiedenen Sorten in Hausgärten, Parks und an Straßen. Wächst wild in Südeuropa.

> Blüten riechen meist intensiv
> ab dem 16. Jahrhundert kultiviert
> sehr anspruchslos

Pfeifenstrauch, Falscher Jasmin
Philadelphus-Sorten

Früher schnitzten Musiker Flöten aus den Zweigen, Pfeifenhersteller verwendeten sie für die Schäfte langer Tabakspfeifen. Für Parfümeure spielt das Gehölz dagegen keine Rolle: Sie gewinnen den Jasmin-Duftstoff aus einem nicht verwandten, asiatischen Kletterstrauch.
Merkmale Strauch, 1–4 m hoch, oft mit überhängenden Zweigen. Blätter spitz. Blüten mit vier weißen, schalenförmig ausgebreiteten Blütenblättern, Blüten oft auch gefüllt.
Vorkommen Viele Sorten mit unterschiedlich stark gefüllten Blüten stehen als beliebtes Ziergehölz in Gärten und Parks.

> Blüten locken Bienen an
> Blütentee lindert Erkältungen
> weiches Holz für Schnitzarbeiten

Winter-Linde
Tilia cordata

Im Mittelalter stand meist eine Linde im Dorfzentrum, um sie herum fand das öffentliche Leben statt. Ihre Urteile fällte die Dorfgemeinschaft an besonderen Gerichtslinden. Wo diese Bäume bis heute überlebt haben, stehen sie unter Natur- oder Denkmalschutz.
Merkmale Baum, 10–30 m hoch. Blätter schief herzförmig, unterseits mit rotbraunen Achselbärten. Blütenstand aus drei bis elf Blüten, mit hellem, flügelartigem Tragblatt verwachsen.
Vorkommen Gepflanzt als Dorf-, Feld- und Alleebaum. Wild ziemlich selten in sommerwarmen Laubwäldern.

Blätter einfach, gekerbt bis gesägt

> erträgt Trockenheit und Abgase
> Blatt unterseits silbergrau
> gelbe Herbstfärbung

Silber-Linde
Tilia tomentosa

Dieser Baum blüht erst im Juli und damit später als die meisten anderen Bäume bei uns. Gegen Ende ihrer Blütezeit liegen oft verhungerte Hummeln, seltener auch Bienen, unter ihnen. Es ist noch nicht endgültig geklärt, warum dies selbst dann passiert, wenn blühende Naturgärten in der Nähe sind.
Merkmale Baum, 10–30 m hoch, dichte Krone. Blätter herzförmig. Duftende Blüten zu fünf bis zehn unter einem Tragblatt.
Vorkommen Häufig in Parks, an Straßen und in Anlagen gepflanzt. Heimisch in Südwesteuropa.

> braune, glänzende Winterknospen
> Blütenkätzchen pelzig behaart
> anpassungsfähig

Sal-Weide
Salix caprea

Das Gehölz blüht schon ab März und bildet in seinen Kätzchen reichlich Nektar. Deshalb gehört es zu den wichtigsten Bienenpflanzen im Frühjahr. Am Palmsonntag dienen die Zweige mit den »Palmkätzchen« als Ersatz für die im Süden verwendeten Palmzweige.
Merkmale Strauch oder Baum, 3–8 m hoch. Blätter unterseits hellgrau behaart. Männliche und weibliche Blütenkätzchen auf verschiedenen Bäumen, bis zu 4 cm lang.
Vorkommen Hängeform in Gärten. Wildform an Waldrändern, auf Lichtungen, in Kiesgruben und Steinbrüchen.

> größte heimische Weide
> Zweige gelb bis rötlich
> blüht mit dem Laubaustrieb

Hänge-Silber-Weide
Salix alba 'Tristis'

Dieser sehr attraktive Baum ist in Parks ein wichtiges gestalterisches Element an Gewässern. Das Holz zersetzt sich rasch, sodass alte Weiden oft innen hohl sind. Vögel und kleine Säugetiere nützen sie gern als Unterschlupf. Oft sammelt sich auch Humus in den Hohlräumen, und Gräser und andere Pflanzen keimen dort aus.
Merkmale Baum, 6–10 m hoch, mit lang herabhängenden Zweigen, Wuchs oft schief. Blätter schmal, unterseits hell.
Vorkommen Sehr häufig in Parks und Anlagen gepflanzte Zuchtform der in Auenwäldern heimischen Silber-Weide.

Blätter einfach, gekerbt bis gesägt

> Borke tief gefurcht
> vermehrt sich nicht mit Samen
> Winterknospen klebrig

Bastard-Schwarz-Pappel
Populus × canadensis

Die auch Kanada-Pappel genannte Art ist wild nicht bekannt. Sie entstand durch Züchtung. Förster schätzen sie, da sie sehr rasch wächst und gute Holzqualität liefert. Neuerdings pflanzen Bauern Pappeln auf stillgelegte Äcker, um sie nach wenigen Jahren als nachwachsenden Rohstoff für die Energiegewinnung zu ernten.

Merkmale Baum, 20–30 m hoch, breit kegelförmig. Blatt fast dreieckig, lang zugespitzt. Blütenkätzchen im März oder April.

Vorkommen Häufig in monotonen Plantagen in Flussnähe oder in Reihen an Seen, Flüssen und Bächen gepflanzt.

> Wipfeldürre kündigt baldiges Absterben an
> Stammbasis oft verbreitert

Pyramiden-Pappel
Populus nigra 'Italica'

Das erste Mal soll diese Pappel-Varietät im 18. Jahrhundert in Italien aufgetaucht sein. Napoleon ordnete an, die weithin sichtbaren Bäume an große Straßen zu pflanzen, damit sich das Heer und die Post besser orientieren konnten.

Merkmale Baum, bis zu 30 m hoch, sehr schlank. Untere Äste sitzen tief am Stamm an. Blätter dreieckig bis rautenförmig. Blütenkätzchen vor dem Laubaustrieb.

Vorkommen Häufig als Allee- oder Einzelbaum an Straßen und entlang von Gewässern gepflanzt.

> im Herbst gelb
> erträgt sehr kalte Winter
> wirkt auch bei Windstille unruhig

Zitter-Pappel, Espe
Populus tremula

Durch die seitlich zusammengedrückten Blattstiele bewegen sich die Blätter schon beim geringsten Lufthauch – sie »zittern wie Espenlaub«. Unsere Vorfahren interpretierten das unablässige Rascheln als Klagen und hielten das Gehölz für einen Baum der Unterwelt.

Merkmale Baum, 10–25 m hoch, bildet durch Wurzelaustriebe oft Gruppen. Blätter rundlich, mit buchtig gezähntem Rand und 4–8 cm langem Stiel.

Vorkommen Wächst ziemlich häufig in lichten Wäldern, an Wald- und Straßenrändern, in Hecken und auf Bahnhöfen.

Blätter einfach, gelappt

- Blattstiel sehr kurz
- 3–10 cm lang gestielte Eicheln sitzen im Fruchtbecher

Stiel-Eiche
Quercus robur

Eichen symbolisieren Kraft, Macht, Frieden und Wachstum. Die Blätter zieren Wappen und die deutschen Cent-Münzen. Das Holz ist gegen Feuchtigkeit nahezu unempfindlich. Früher lieferte es Pfähle für Fundamente in Venedig und Amsterdam sowie Bahnschwellen.
Merkmale Mächtiger Baum, bis zu 45 m hoch, meistens mit kurzem Stamm und knorrigen Hauptästen. Blätter mit unregelmäßigen, runden Lappen, am Grund meist zwei Öhrchen.
Vorkommen Häufiger Waldbaum von der Ebene bis in die Mittelgebirge. Oft in Parks, die Säulenform ist an Straßen beliebt.

- Blätter lang gestielt
- Eicheln nahezu ungestielt
- wird viele 100 Jahre alt

Trauben-Eiche
Quercus petraea

Früher trieben die Bauern ihre Schweine in den damals oft sehr lichten Wald, damit sie Eicheln und die Bucheckern der Rot-Buche (siehe S. 18) fraßen. Die mit stärkereichen Eicheln gemästeten Tiere lieferten besseres Fleisch als die, die ölreiche Bucheckern gefressen hatten.
Merkmale Stattlicher Baum, bis zu 40 m hoch, mit langem Stamm. Blätter mit gleichmäßigen stumpfen Lappen. Eicheln bis zu 3 cm lang, sitzen in einem Fruchtbecher.
Vorkommen Häufig auf steinigen Böden in wärmeren Wäldern der niedrigen und mittleren Lagen und in Parks.

- auffällig rote Herbstfärbung
- erträgt Abgase und Rauch
- wächst rasch

Rot-Eiche, Amerikanische Eiche
Quercus rubra

Das Holz dieser Eiche besitzt große Poren, die sich auch im Alter nicht verschließen. Fassbauer können deshalb das Holz der Rot-Eiche anders als das der Stiel- und Trauben-Eiche nicht zu Weinfässern verarbeiten. Schreiner schätzen das Holz für Möbel, Furniere und Parkett.
Merkmale Baum, 30–50 m hoch. Blätter bis zu 20 cm lang, mit vier bis sechs zu langen Spitzen ausgezogenen Lappen auf jeder Seite. Eicheln 2–3 cm lang, sitzen in einem flachen Fruchtbecher.
Vorkommen Steht häufig in Parks und an Straßen, seltener auch im Forst. Stammt aus dem Osten Nordamerikas.

Blätter einfach, gelappt

> Blätter wechselständig
> Früchte früher Mostzusatz
> im Herbst gelb bis rot

Elsbeere
Sorbus torminalis

Holzfäller sägen den Baum gelegentlich aus Versehen ab, da sie ihn im Winter für eine schlecht gewachsene Eiche halten. Doch das harte Holz gehört zu den teuersten heimischen Hölzern. Es liefert unter dem Namen »Schweizer Birnbaum« rotbraune Furniere.
Merkmale Baum, 5–10 m hoch. Blätter mit dreieckigen, spitzen Lappen. Von Mai bis Juni Blütenstände mit vielen weißen Blüten. Kleine, apfelähnliche hellbraune Früchte.
Vorkommen Gelegentlich als Zierbaum in Parks. Wächst wild in warmen Mischwäldern und Gebüschen.

> Rinde erinnert an ein Puzzle
> kugelige Fruchtstände pendeln noch im Winter an den Zweigen

Bastard-Platane
Platanus × hispanica

Einer der beliebtesten raschwüchsigen Stadtbäume. Er erträgt Luftverschmutzung und Trockenheit und lässt sich beliebig zurückschneiden. In manchen Städten sägen Gärtner die dünneren Äste regelmäßig ab, sodass sehr markante Baum-Individuen die Plätze beschatten.
Merkmale Baum, bis zu 35 m hoch, mit breiter Krone und oft dickem, mehrteiligem Stamm. Blätter handförmig drei- bis fünflappig, bis zu 25 cm breit, wechselständig.
Vorkommen Gepflanzt in Städten, auf Plätzen und in Alleen. Entstand als Kreuzung in Südwesteuropa.

> Fruchtflügel fast waagerecht
> blüht vor dem Laubaustrieb
> lockt Bienen an

Spitz-Ahorn
Acer platanoides

Aus Wunden des Baums tritt im Frühjahr ein Saft aus, der 3–4 Prozent Zucker enthält. Dies ist zwar nur halb so viel wie beim nordamerikanischen Zucker-Ahorn. Trotzdem weckte der Baum im 18. Jahrhundert das Interesse deutscher Forscher. Er unterlag als Zuckerlieferant aber der Zuckerrübe, die schon im ersten Jahr Ertrag liefert.
Merkmale Baum, bis zu 25 m hoch. Seine Blätter ähneln denen der Platane, sind aber gegenständig angeordnet.
Vorkommen Häufig an Straßen, in Parks und Gärten, auch in Kugelform oder mit rotem Laub. Wild in Mischwäldern.

Blätter einfach, gelappt

> Fruchtflügel fast waagerecht
> einst Viehfutter
> Zweige oft mit wulstigen Leisten

Feld-Ahorn, Maßholder
Acer campestre

Ahornfrüchte haben zwei Flügel und spalten sich bei der Reife in zwei Hälften, die der Wind abreißt. Beim Fallen dreht sich der Flügel um seinen Schwerpunkt, an dem der Samen sitzt. Drechsler schätzen das schön gemaserte Holz für Schalen und Stiele.
Merkmale Baum oder Strauch, bis etwa 15 m hoch. Blätter nur bis zu 10 cm breit, mit drei bis fünf stumpfen Lappen. Blüten erscheinen in aufrechten Blütenständen zugleich mit dem Laub.
Vorkommen Oft in Hecken oder als kleinkroniger Straßenbaum gepflanzt. Wild an Waldrändern und in Feldgehölzen.

> färbt sich im Herbst gelb
> Fruchtflügel bilden einen 90°-Winkel

Berg-Ahorn
Acer pseudoplatanus

An günstigen Standorten mit ausreichend Feuchtigkeit wird dieser Baum bis zu 500 Jahre alt. Nicht nur in Parks, sondern auch in den Bergen steht er häufig frei auf Wiesen. So kann er sich zu einer eindrucksvollen Gestalt entwickeln und wertvollen Schatten bieten.
Merkmale Baum, bis zu 25 m hoch, mit großen, handförmig fünflappigen, gegenständigen Blättern. Blütenstände hängend, entfalten sich mit dem Laub. Geflügelte Früchte.
Vorkommen Oft in Parks und Gärten. Einheimischer Baum, besonders in den Mittelgebirgen und den Alpen.

> Spaltfrucht rot, Fruchtflügel stehen fast waagerecht
> bevorzugt Halbschatten

Japanischer Ahorn
Acer japonicum

Einige Zuchtformen dieses Ahorns haben von Anfang an gelbliches oder dunkelrotes Laub. Fast alle entwickeln eine spektakuläre Herbstfärbung, bei der die Blätter schon früh gelb, orange und weinrot leuchten.
Merkmale Baum, bis zu 10 m hoch. Blätter mit sieben bis elf mehr oder weniger tief eingeschnittenen Lappen. Blattstiel und Früchte behaart, daran von Sorten des ähnlichen Fächer-Ahorns zu unterscheiden. Blüten rosa mit dunkelrotem Kelch.
Vorkommen In vielen Sorten als auffällige Ziergehölze in Gärten und Parks gepflanzt. Die Wildform stammt aus Japan.

Blätter einfach, gelappt

> - Drüsen am Blattstiel
> - Blätter oft zerfressen
> - Früchte der Wildform rot

Gewöhnlicher Schneeball
Viburnum opulus

In Gärten steht meist eine Zuchtform mit schneeballähnlichen Blütenständen. Diese bestehen nur aus großen Schaublüten. Da sie unfruchtbar sind, entstehen keine Früchte. Bei der Wildform sitzen Schaublüten nur am Rand des Blütenstands und umrahmen unscheinbare, aber fruchtbare Blüten.
Merkmale Strauch, bis zu 4 m hoch. Blätter handförmig gelappt, mit drei oder fünf Lappen, gegenständig angeordnet.
Vorkommen In Gärten und Parks, dort auch als Gebüschelement. Wild an Waldrändern, an Bächen und in Hecken.

> - Zweige oft mit wulstigen Leisten
> - zerriebene Blätter duften
> - leuchtende Herbstfärbung

Amerikanischer Amberbaum
Liquidambar styraciflua

Aus angeritzten Stämmen tritt ein duftendes Harz aus. Die Azteken würzten damit Tabak. Später diente es als Rohstoff für Kaugummis, und noch heute aromatisiert es gelegentlich Seifen. Das Holz (»Nuss-Satinholz«) gehört zu den wichtigsten Möbelhölzern.
Merkmale Baum, 10–25 m hoch, ziemlich schmal. Blätter ähneln denen eines Ahorns, stehen aber wechselständig. Kugelige, stachelige Fruchtstände, die reif verholzen.
Vorkommen Auffälliger Baum in Parks, Gärten und an Straßen. Stammt aus dem Südosten der USA.

> - bis zu 3 cm lange Dornen
> - Blüten ähneln kleinen Rosen
> - bildet meist keine Früchte

Rotdorn
Crataegus laevigata 'Pauls Scarlett'

Gärtner pfropfen diese Züchtung des heimischen Weißdorns meist auf eine Unterlage und ziehen so hochstämmige Bäume, die sich für Alleen eignen. Leider ist das Gehölz anfällig gegen Läuse und den Feuerbrand, einer Krankheit, die im Obstbau gefürchtet ist.
Merkmale Baum, 2–6 m hoch, mit sparriger Krone. Blätter bis zu 5 cm lang, mit drei bis fünf Lappen. Gefüllte, rosa bis purpurrote Blüten zu fünf bis zehn in lockeren Blütenständen.
Vorkommen Häufiger Straßen- und Alleebaum, etwas seltener in Gärten und Parks.

Blätter einfach, gelappt

> - wirkt besonders bei Wind silbrig
> - großes, flaches Wurzelwerk festigt den Boden

Silber-Pappel
Populus alba

Pappeln bilden große Mengen an Samen aus. Diese tragen einen Haarschopf und fliegen mit dem Wind davon. Am Boden lagern sie sich oft zu dichten, weißen Flocken zusammen. Die Haare eignen sich als Füllungen für Kissen und Bettdecken.

Merkmale Baum, bis zu 35 m hoch, an Böschungen auch strauchförmig. Blätter drei- bis fünflappig, unterseits weißfilzig. Hängende Blütenkätzchen öffnen sich vor dem Laubaustrieb.

Vorkommen Gedeiht in Auenwäldern, auf Schuttplätzen und Böschungen. In manchen Gebieten wild, häufig gepflanzt.

> - Blüten erinnern an Tulpen
> - Blätter typisch vierlappig
> - oft mit breiter Stammbasis

Tulpenbaum
Liriodendron tulipifera

Fossilien belegen, dass Tulpenbäume schon sehr alt sind. Vor den Eiszeiten waren sie auch in Mitteleuropa heimisch. In Nordamerika gehört der Baum zu den wichtigsten Forstgehölzen. Das helle, leicht zu bearbeitende Holz eignet sich für Boote, Möbel und den Innenausbau.

Merkmale Baum, bis zu 40 m hoch, raschwüchsig. Faustgroße Blüten öffnen sich im Mai und Juni. Der zapfenartige Fruchtstand zerfällt bei der Reife.

Vorkommen Oft mächtige Exemplare in Parks, häufig auch als Straßenbaum gepflanzt. Stammt aus Nordamerika.

> - robust gegen Umwelteinflüsse
> - typische fächerförmige Blätter
> - Samen stinken wie Schweißfüße

Ginkgo
Ginkgo biloba

Dieser Baum hat eine noch längere Geschichte als der Tulpenbaum: Schon vor rund 180 Millionen Jahren lebten seine Vorfahren und kamen damals auch in Europa vor. Seit dem Kreide-Zeitalter hat er sein Aussehen kaum verändert und gilt als »lebendes Fossil«.

Merkmale Baum, bis zu 40 m hoch, oft nur wenig verzweigt. Blätter ledrig, mit gabeligen Nerven. Weibliche Bäume bilden Samen, die an kleine, gelbe Pflaumen erinnern.

Vorkommen Häufig in Parks und Gärten. Beliebt an Straßen. Kam im 18. Jahrhundert aus Ostasien nach Europa.

Blätter zusammengesetzt

- > gefurchte Nuss mit unreif grüner Fruchthülle
- > wertvolles hartes Holz

Echte Walnuss
Juglans regia

Extrakte aus der grünen Fruchthülle färben die Haut lang anhaltend und intensiv gelbbraun. Sie eignen sich für bräunende Hautöle. Die essbaren Samen mit den zwei großen, wie Hirnhälften gefurchten Keimblättern enthalten bis über 60 Prozent Fett mit essenziellen Fettsäuren, Mineralstoffen und Vitaminen.
Merkmale Baum, bis zu 25 m hoch. Blätter mit drei bis neun derben, fast ganzrandigen Blättchen. Grünlich-bräunliche Blüten.
Vorkommen Auf Baumwiesen, an Waldrändern und in Gärten. Aus Asien und Südwesteuropa.

- > fällt durch bis zu 45 cm lange Fruchtstände auf
- > Nüsse ungenießbar

Kaukasische Flügelnuss
Pterocarya fraxinifolia

Der stattliche Baum bildet oft mehrere Stämme sowie Ausläufer, aus denen Schößlinge austreiben. So können ganze Dickichte entstehen. Das Holz zeigt eine schöne Maserung für Furniere. Es ist unter dem Namen »Kaukasischer Nussbaum« im Handel.
Merkmale Baum, bis zu 25 m hoch, raschwüchsig. Großes Fiederblatt mit bis zu 27 schmalen Blättchen. Nüsse mit halbkreisförmigen Flügeln, etwa 2 cm breit.
Vorkommen Wächst in Parks besonders an Bächen und Teichen. Gelegentlich auch in Städten als Straßenbaum.

- > zeigt Stickstoff an
- > Zweige mit hellem Mark
- > war den Germanen heilig

Schwarzer Holunder, Holler
Sambucus nigra

Die angenehm duftenden Blüten schmecken gut als Sirup. Als Tee helfen sie gegen Fieber und Reizhusten. Frische Früchte können Durchfall auslösen. Gekocht eignen sie sich für Saft und Gelee. Dieses schmeckt besonders gut, wenn man Zitronensaft oder -säure zugibt.
Merkmale Strauch oder kleiner Baum, bis zu 10 m hoch. Gegenständige Fiederblätter mit meist fünf Blättchen. Blüten weiß. Kugelige, etwa 6 mm große Früchte reifen über Rot nach Schwarz.
Vorkommen Wild in Wäldern, Hecken, auf Waldschlägen, Schuttplätzen und an Bächen. Oft im Siedlungsbereich.

Blätter zusammengesetzt

Speierling
Sorbus domestica

> seit dem Altertum kultiviert
> Früchte apfel- oder birnenförmig
> schützenswert

Die harten Früchte sind durch Gerbstoffe so stark zusammenziehend, dass man sie sofort wieder ausspuckt. Weich und überreif entwickeln sie ein angenehmes Aroma. Mostereien schätzen sie als Zusatz zu Apfel- oder Birnenmost.

Merkmale Baum, 10–20 m hoch. Gefiederte Blätter mit 11–21 Blättchen. Weiße Blüten in gewölbten Ständen. Früchte bis zu 3,5 cm lang, Schale punktiert, auf der Sonnenseite rot.

Vorkommen Obstbaumwiesen, Parks, selten verwildert an warmen Waldrändern und Wiesen. Stammt aus Südeuropa.

Eberesche, Vogelbeere
Sorbus aucuparia

> Früchte früher zur Schweinemast verwendet
> Herbstfärbung gelb bis rot
> auf Island heilig

Viele Vögel, besonders Drosseln, sowie kleine Säugetiere wie der Marder fressen gern die Früchte. Bei Menschen führen sie roh zu Magenverstimmungen. Gekocht eignen sie sich für Marmelade. Früher gewann man aus ihnen den Zuckerersatzstoff Sorbit.

Merkmale Baum, 5–15 m hoch. Gefiederte Blätter mit 9–17 länglichen, gesägten Blättchen, unten oft bläulich. Weiße Blüten in breiten Ständen. Früchte orangefarben, bis zu 1 cm groß.

Vorkommen Wild in Mischwäldern, an Waldrändern und in Hecken. In Städten auch als Alleebaum und in Parks.

Gleditschie, Lederhülsenbaum
Gleditsia triacanthos

> verzweigte Dornen am Stamm
> paarige Fiederblätter
> Früchte im Winter am Baum

Die gerösteten Samen lieferten den amerikanischen Siedlern in Notzeiten einen Kaffee-Ersatz. Aus dem Fruchtfleisch brauten sie ein bierartiges Getränk. Manche nennen den Baum auch Christusdorn. Zu biblischen Zeiten wuchs er jedoch noch nicht in Europa.

Merkmale Baum, bis zu 20 m hoch. Fiederblätter bis zu 20 cm lang, oft nochmals gefiedert. Blüten unscheinbar. Flache Hülsenfrüchte bis zu 50 cm lang, oft schraubig verdreht.

Vorkommen Ziergehölz in Parks und als Alleebaum. Oft in einer dornenlosen Form gepflanzt. Stammt aus Nordamerika.

Blätter zusammengesetzt

- > blüht erst ab August
- > giftige Frucht, zwischen den Samen eingeschnürt

Japanischer Schnurbaum
Styphnolobium japonicum (Sophora japonica)

Die Blüten dieses auch Pagodenbaum genannten Gehölzes locken Bienen an. Arzneimittelhersteller gewinnen einen Wirkstoff gegen Venenbeschwerden aus den Blütenknospen und Früchten. In China extrahiert man aus den Blüten einen gelben Textilfarbstoff.
Merkmale Baum, bis zu 20 m hoch oder bizarre Hängeform. Fiederblatt mit 9–15 ganzrandigen Blättchen. Ausladende Blütenstände mit gelblichen Blüten. Früchte bleiben lange hängen.
Vorkommen Häufig in Parks und an Straßen gepflanzt. Stammt aus China und Korea, schon lange in Japan kultiviert.

- > Früchte platzen mit Knack-Laut
- > Blätter dreizählig
- > blüht von Mai bis Juni

Gewöhnlicher Goldregen
Laburnum anagyroides

Der Goldregen gehört zu unseren giftigsten Gehölzen. Seine Inhaltsstoffe führen zu blutigem Erbrechen und können die Atmung lähmen. Besonders gefährdet sind Kinder, die die etwas nach Erbsen riechenden Früchte kauen. Das Holz ist hart und schwer und schön gelb- bis dunkelbraun gemasert.
Merkmale Strauch oder Baum, 5–7 m hoch. Bis zu 30 cm lange hängende Trauben mit gelben Blüten.
Vorkommen Beliebtes Ziergehölz, das an sonnigen Hängen auch verwildert. Stammt aus dem Mittelmeerraum.

- > sehr giftig
- > Dornen an den Zweigen
- > flache, lange haftende Früchte

Gewöhnliche Robinie, Falsche Akazie
Robinia pseudoacacia

Die Wurzeln des Baums leben in einer Gemeinschaft mit Bakterien, die Stickstoff aus der Luft binden. So gelangt der Nährstoff in den Boden. Naturschützer versuchen, das Gehölz aus Magerrasen fernzuhalten, da deren Pflanzen die zusätzliche Düngung nicht vertragen.
Merkmale Baum, bis zu 25 m hoch, raschwüchsig. Fiederblätter mit bis zu 23 eiförmigen Blättchen. Hängende Trauben mit weißen, stark duftenden Blüten.
Vorkommen Gepflanzt an Böschungen, Straßenrändern und in Parks, häufig verwildert. Stammt aus Nordamerika.

Blätter zusammengesetzt

Götterbaum
Ailanthus altissima

- Blättchen mit ein bis zwei Drüsen, duften zerrieben unangenehm
- erträgt Trockenheit und Abgase

Der robuste Baum bildet sehr viele Früchte, die sich bei Wind wie kleine Propeller durch die Luft schrauben. Die Samen keimen oft in Teerritzen, an Mauern und auf Schutt, sodass sich das Gehölz fast überall ansiedeln und zu einer Plage entwickeln kann.

Merkmale Baum, bis zu 25 hoch, oft von jüngeren Stämmen umgeben. Fiederblätter bis zu 60 cm lang, mit bis über 40 Blättchen. Blüten grüngelb. Früchte geflügelt, oft rot überlaufen.

Vorkommen Häufig als anspruchsloses Ziergehölz in Parks und Gärten gepflanzt. Stammt aus China.

Essigbaum, Kolben-Sumach
Rhus typhina (Rhus hirta)

- scharlachrotes Herbstlaub
- männliche und weibliche Bäume
- junge Zweige samtig behaart

Die ab August reifenden Früchte verbleiben in den bis zu 20 cm langen Fruchtständen meist über Winter am Baum. In Amerika verstärkt man mit ihnen den Geschmack von Essig oder stellt Limonade her.

Merkmale Vielstämmiger Strauch oder Baum, 3–10 m hoch. Fiederblätter mit bis zu 31 gesägten Blättchen, bei Zuchtformen auch farnähnlich zerschlitzt. Blüten grünlich. Aufrechte, rotbraune, dicht behaarte Fruchtstände.

Vorkommen Häufig in Gärten gepflanzt. Verwildert an Straßenrändern und Bahndämmen. Stammt aus Nordamerika.

Eschen-Ahorn
Acer negundo

- Fruchtflügel v-förmig
- männliche und weibliche Bäume
- neigt zu Windbruch

Sind die typischen Ahorn-Früchte mit den zwei Flügeln noch nicht ausgebildet, erinnert der Baum an eine Esche. Er blüht wie diese schon ab März. In Gärten wächst oft eine Zierform mit unregelmäßig weiß gefleckten, oft nur dreizähligen Blättern.

Merkmale Baum, 10–20 m hoch. Unpaarig gefiederte, gegenständige Blätter mit drei bis sieben Blättchen. Die Blüten erscheinen vor dem Laub, die männlichen hängen an langen Stielen.

Vorkommen Häufig in Parks, Anlagen und Gärten gepflanzt, gelegentlich verwildert. Heimisch im östlichen Nordamerika.

Blätter zusammengesetzt

Gewöhnliche Esche
Fraxinus excelsior

> - Blätter gegenständig
> - Laub fällt im Herbst ab, ohne sich zu verfärben

Eschenholz ist zäh und elastisch. Es eignet sich für Werkzeugstiele und Leitersprossen. Wagner fertigten früher Speichen und Deichseln daraus. Seit einiger Zeit breitet sich ein Schadpilz in den Eschenbeständen aus und löst ein Triebsterben aus, bei dem Äste vertrocknen und stark befallene Bäume absterben. Förster hoffen, dass widerstandsfähige Bäume der Krankheit trotzen, sodass die Eschen nicht ganz verschwinden. Nach der germanischen Mythologie ragt die mächtige, von den Göttern gepflanzte Weltenesche »Yggdrasil« von der Erde bis ins Himmelsgewölbe.

Merkmale Baum, bis zu 40 m hoch, mit dicken, schwarzen Winterknospen. Fiederblätter mit 9–15 gezähnten Blättchen. Kleine, dunkelpurpurn gefärbte Blüten in dichten Ständen erscheinen vor den Blättern. Früchte einseitig geflügelt.

Vorkommen Verbreitet in Auen-, Schlucht- und Mischwäldern, an Bächen, Flüssen und auf Felsen. Oft auch in Parks.

Gewöhnliche Rosskastanie
Aesculus hippocastanum

> - große, glänzende Samen in stacheliger Hülle
> - typischer »Biergartenbaum«

Junge Blüten locken mit einer gelben Zeichnung Insekten an. Nach einiger Zeit färbt sich der Fleck über orange nach rot. Diese rote »Ampel« signalisiert Insekten, dass kein Nektar mehr zu holen ist. Seit den 1990er-Jahren bilden sich auf den Blättern oft braune Flecken, in denen im Gegenlicht kleine Larven zu sehen sind. Sie entwickeln sich zu Kastanien-Miniermotten. Dieser Kleinschmetterling breitete sich von Mazedonien über ganz Europa aus. Bisher geht man davon aus, dass er den Baum nicht dauerhaft schädigt. Die Samen enthalten viel Stärke, deshalb verfütterten die Türken sie früher an Pferde. Für den Menschen sind sie giftig. Daraus hergestellte Arzneimittel helfen jedoch gegen Venenschwäche.

Merkmale Baum, bis zu 20 m hoch, mit gefingerten Blättern. Weiße Blüten in kegelförmigen, aufrechten Blütenständen. Zuchtsorten mit gefüllten Blüten entwickeln keine Früchte.

Vorkommen Gehört zu den beliebtesten Straßen- und Parkbäumen. Heimisch im östlichen Balkangebiet.

Blätter zusammengesetzt

> - Blüten rosa bis purpurfarben
> - Früchte nur wenig bestachelt
> - große Winterknospen

Rotblühende Rosskastanie
Aesculus × carnea

Stadtgärtner pflanzen oft hochstämmig veredelte Exemplare dieses Baums. Er ist eine gute Alternative zur Gewöhnlichen Rosskastanie, da er weniger anfällig für die Miniermotte ist. Der Schmetterling legt zwar seine Eier auf die Blätter, die Larven sterben jedoch oft ab.

Merkmale Baum, 10–25 m hoch, mit gefingerten Blättern, diese dunkler und rauer als bei der Gewöhnlichen Rosskastanie. Reichblütige, aufrechte Blütenstände.

Vorkommen Zierbaum in Parks, Gärten und Alleen. In Frankreich entstandene Kreuzung, wild unbekannt.

> - blüht schon ab November
> - duftet nicht
> - wird oft mit der Forsythie verwechselt

Winter-Jasmin
Jasminum nudiflorum

Der Strauch öffnet an wärmeren Tagen den ganzen Winter über bis in den April unermüdlich seine Blüten. Die Zweige sind so dünn, dass das Gehölz sich nicht selbst tragen kann. So hängt es über Mauern und Garagendächer oder begrünt an einer Stütze Hauswände.

Merkmale Strauch, 2–3 m hoch, dessen Zweige grün bleiben. Gelbe Blüten mit meist sechs flach ausgebreiteten Zipfeln. Blätter gegenständig, dreizählig, dunkelgrün.

Vorkommen Anspruchsloses Ziergehölz für Gärten und Anlagen. Stammt aus den Gebirgen Nordchinas.

> - erträgt Schatten
> - Blüten riechen unangenehm
> - Rinde auf der Innenseite gelb

Gewöhnliche Mahonie
Mahonia aquifolium

Die reifen, sehr sauren Früchte dienen Singvögeln als Winterfutter. Für uns sind sie roh schwach giftig. Gekocht und von den Samen befreit, eignen sie sich als zitronenähnlich schmeckende Zutat für Gelees, Säfte und Joghurt.

Merkmale Strauch, bis zu 2 m hoch, breit, mit immergrünen, unpaarig gefiederten Blättern, die sich hart anfühlen und dornig gezähnt sind. Gelbe Blüten ab April. Beeren erbsengroß, blau bereift.

Vorkommen Beliebt in Gärten und öffentlichen Anlagen. In manchen Gebieten verwildert. Stammt aus Nordamerika.

Nadeln oder Schuppenblätter

> - Zweigoberseite mit einer Reihe kurzer, umgedrehter Nadeln
> - Zapfen nur bis zu 2 cm lang

Kanadische Hemlocktanne
Tsuga canadensis

Dieser grazile Baum ist ziemlich anspruchslos. Er erträgt Schatten und lässt sich auch als Hecke schneiden. Die Nadeln riechen beim Zerreiben jedoch etwas unangenehm. In der Heimat des Gehölzes dient das leichte, weiche Holz als Bauholz und als Rohstoff für die Papierindustrie. Es ist jedoch nur wenig widerstandsfähig.
Merkmale Baum, bis zu 30 m hoch, mit breiter, oft unregelmäßiger Krone. Nadeln kurz gestielt. Zapfen eiförmig.
Vorkommen In verschiedenen Sorten in Parks und Gärten gepflanzt. Heimisch im Nordosten Nordamerikas.

> - sehr regelmäßiger Wuchs
> - zerriebene Nadeln duften fruchtig
> - Holz harzfrei

Nordmanns-Tanne
Abies nordmanniana

Diese Tanne gehört heute zu den beliebtesten Weihnachtsbäumen. Ihre Nadeln fallen an gefällten Bäumen und abgeschnittenen Zweigen wesentlich später ab als die der Weiß-Tanne oder Fichte (siehe S. 76).
Merkmale Baum, bis zu 60 m hoch, kegelförmig. Die glänzenden Nadeln stehen besonders auf der Oberseite der Zweige dicht an dicht. Zapfen nur im Wipfelbereich, aufrecht, mit hakig herausragenden Schuppen, zerfallen auf dem Baum.
Vorkommen Häufig in Parks, Gärten und Weihnachtsbaumplantagen. Heimisch im Kaukasus und Kleinasien.

> - Nadeln unterseits auffällig weiß
> - Zweige waagerecht in Etagen
> - frosthart

Koreanische Tanne
Abies koreana

Der Zierbaum zeichnet sich durch einen sehr langsamen Wuchs aus. Doch bereits hüfthohe Exemplare können sehr reichlichen Zapfenschmuck tragen. Die Zapfen zerfallen wie bei allen Tannen auf den Zweigen. Dort sitzen deshalb oft noch die Spindeln des Vorjahrs.
Merkmale Baum, bis zu 10 m hoch, breit kegelförmig. Nadeln nur 1–2 cm lang, stumpf, flach. Zapfen aufrecht, unreif meist rotviolett oder stahlblau, reif dunkelbraun, 7–10 cm lang, oft harzig.
Vorkommen Beliebter, kleiner Baum für Vorgärten und kleine Gärten. Stammt aus einem kleinen Gebiet in Südkorea.

Nadeln oder Schuppenblätter

Weiß-Tanne
Abies alba

> - Nadeln unterseits mit zwei hellen Streifen
> - Rinde grauweiß
> - liefert Tannenhonig

Dieser Baum ist sehr empfindlich gegen Luftverschmutzungen. Deshalb war er eine der ersten Arten, an der die Folgen des Waldsterbens aufgefallen sind, und wurde so zum bekanntesten Baum dieses Phänomens. Förster bedauern seinen Rückgang. Die Tanne hat eine tief reichende Pfahlwurzel, mit der sie Stürmen viel besser trotzt als die Gewöhnliche Fichte. Das harzfreie Holz eignet sich als Bauholz, für Schindeln und Musikinstrumente.

Merkmale Baum, bis zu 50 m hoch, Wuchs anfangs kegelförmig, im Alter oben meist storchennestartig. Nadeln 1–3 cm lang, oft seitlich orientiert, Zweige wirken dadurch gescheitelt. Abgefallene Nadeln hinterlassen runde Narben auf den Zweigen. Zapfen aufrecht, meist nur im oberen Kronenbereich, 10–15 cm lang, zerfallen auf dem Baum.

Vorkommen Sehr bekannt, steht aber nur selten in Parks. Heimisch in den Gebirgen Mittel- und Südeuropas.

Gewöhnliche Fichte, Rot-Fichte
Picea abies

> - kahle Zweige raspelartig rau
> - Nadeln vierkantig
> - wird bis zu 600 Jahre alt

Der sehr häufige Wald- und Forstbaum bevorzugt feuchte Böden in kühlen Gebieten. Steht er in Monokulturen außerhalb seines natürlichen Verbreitungsgebiets, leidet er oft unter Schädlingen und Pilzen. Alle Hauptwurzeln der Fichte wachsen nahe an der Oberfläche und nicht in die Tiefe. Dadurch entsteht ein Wurzelteller, der dem Baum nur wenig Halt bietet. So kann ein Sturm ganze Bestände wie Dominosteine umwerfen. Fichtennadeln zersetzen sich nur langsam. Dichte Fichtenforste sind auf dem Boden deshalb oft von einer dicken Nadelschicht bedeckt. Kaum eine andere Pflanze kann dort noch wachsen.

Merkmale Baum, bis zu 50 m hoch, mit brauner Rinde. Untere Äste abwärts gebogen, obere waagerecht oder bogig aufwärts. Spitze, dunkelgrüne Nadeln stehen schraubig um den Zweig. Blütenzapfen aufrecht oder seitlich geneigt. Reife Zapfen hängen und fallen als Ganzes ab.

Vorkommen In Parks und Gärten sowie an Straßen. Heimisch in Nordeuropa sowie den Gebirgen Mittel- und Südeuropas.

Nadeln oder Schuppenblätter

> - Wuchs elegant, sehr schlank
> - zahlreiche 3–6 cm lange, harzige Zapfen

Serbische Fichte, Omorika-Fichte
Picea omorika

Mit seinen oft hängenden Ästen kann sich dieser Baum auch in schneereichen Lagen gut behaupten. Die Schneelast rutscht ab einer gewissen Menge von den Ästen ab. Fossile Funde belegen, dass diese Fichte im Zeitalter des Tertiärs auch in Mitteleuropa heimisch war.

Merkmale Baum, bis zu 35 m hoch, mit biegsamen, 1,2–2,5 cm langen Nadeln. Zapfen entwickeln sich nur im oberen Teil der Krone und hängen oft über ein Jahr am Baum.

Vorkommen Sehr beliebt in Parks, Grünanlagen und Hausgärten. Heimisch in Bosnien und Serbien.

> - Nadeln stechend spitz
> - erträgt Frost und Trockenheit
> - schönes Ziergehölz

Stech-Fichte, Blau-Fichte
Picea pungens

Bei uns gehört diese Fichte zu den häufigsten Nadelbäumen in Hausgärten. Besonders beliebt sind Sorten, deren Nadeln fast silbrig schimmern. Diese werden auch als »Silbertannen« bezeichnet. Der Baum liefert kein besonders gutes Holz.

Merkmale Baum, 10–30 m hoch, regelmäßig kegelförmig. Nadeln bis zu 3 cm lang, oft gebogen, mehr oder weniger stark bläulich. Hängende Zapfen hellbraun, 6–10 cm lang.

Vorkommen Steht in vielen Sorten in Gärten und Parks. Stammt ursprünglich aus den mittleren USA.

> - zerriebene Nadeln riechen nach Orangen oder Zitronen
> - auffallend dicke Borke

Douglasie
Pseudotsuga menziesii

Dieser Nadelbaum wächst sehr rasch. Im Forst kann sein Holzertrag doppelt so hoch sein wie bei der Fichte (siehe S. 76). Deshalb ist er bei uns die wirtschaftlich bedeutendste fremdländische Baumart.

Merkmale Baum, 25–30 m hoch, mit anfangs kegelförmiger, später breit ausladender Krone. Abgeflachte Nadeln 2–4 cm lang, weich. Zapfen hängend, 5–8 cm lang, mit typischen, dreispitzigen Schuppen, fallen als Ganzes ab.

Vorkommen Gepflanzt in Parks, Gärten und als Forstbaum. Heimisch im westlichen Nordamerika.

Nadeln oder Schuppenblätter

> - gilt als »lebendes Fossil«
> - frosthart
> - im Herbst orange bis kupferrot

Urweltmammutbaum
Metasequoia glyptostroboides

Im Jahr 1940 entdeckte ein japanischer Wissenschaftler in Versteinerungen aus der Jurazeit Teile dieses Baums. Kurz darauf stießen Botaniker in einer abgelegenen Region Chinas auf lebende Exemplare. Bald darauf konnten Interessierte das Gehölz in Europa bewundern.
Merkmale Baum, 20–35 m hoch, wirft im Herbst die Nadeln und kurzen Seitenzweige ab. Nadeln und kurze Zweige gegenständig. Zapfen fast kugelig, bis zu 2,5 cm groß.
Vorkommen Häufig als raschwüchsiges Nadelgehölz in Gärten und Parks gepflanzt. Wild nur in China.

> - wird über 3000 Jahre alt
> - Rinde schwammartig weich

Mammutbaum, Wellingtonie
Sequoiadendron giganteum

Die eiförmigen, bis zu 8 cm langen Zapfen enthalten kleine Samen. Erst rund 200 000 davon wiegen 1 kg. So wuchsen aus den 500 g Samen, die im 19. Jahrhundert nach Württemberg kamen, viel mehr Bäume als erwartet. Viele davon sind noch heute zu bestaunen.
Merkmale Baumriese, in seiner Heimat bis zu 100 m hoch, jung dicht kegelförmig, später unregelmäßig gerundet. Die bis zu 1 cm langen Nadeln liegen schuppenartig den Zweigen an.
Vorkommen In Parks und gelegentlich im Forst gepflanzt. Stammt aus der Sierra Nevada Nordamerikas.

> - jung im Winter empfindlich
> - Nadeln in Spiralen angeordnet, fühlen sich wie Plastik an

Chilenische Araukarie, Andentanne
Araucaria araucana

Kaum ein Gehölz mutet so exotisch in unseren Gärten und Parks an wie dieser Baum. Vor über 65 Millionen Jahren, im Zeitalter des Tertiärs, wuchsen Araukarien auch in Europa und Nordamerika. Heute sind die Wildvorkommen des Baums in seiner Heimat geschützt.
Merkmale Baum, in seiner Heimat bis zu 30 m, bei uns nur wenige Meter hoch, mit quirlig angeordneten, spärlich verzweigten Ästen. Nadeln dreieckig, steif, spitz, bis zu 5 cm lang.
Vorkommen In milden, geschützten Lagen in Gärten und Parks. Heimisch in den Anden Chiles und Argentiniens.

Nadeln oder Schuppenblätter

Gewöhnlicher Wacholder
Juniperus communis

> - Nadeln zu dritt
> - männliche und weibliche Bäume
> - gab den Wacholderheiden den Namen

Dieser Wacholder ist das am weitesten verbreitete Nadelgehölz. Er wächst wild von Europa über Asien bis Nordamerika. In Gärten stehen meist schmal säulenförmige Auslesen oder flache Zwergformen. Die Früchte würzen Sauerkraut sowie Spirituosen wie Gin und Genever. Der Rauch von Wacholderfeuer aromatisiert Schinken.
Merkmale Wildform bis zu 10 m hoch, buschig oder säulenförmig. Nadeln 1–2 cm lang. Früchte blauschwarz, beerenartig.
Vorkommen Zierformen in Gärten. Auf mageren Weiden und in lichten, trockenen Wäldern.

Gewöhnliche Eibe
Taxus baccata

> - wächst sehr langsam
> - männliche und weibliche Pflanzen

Eiben lassen sich beliebig zurückschneiden, sodass sie sich sehr gut für Hecken eignen. Jedoch sind alle Teile des Gehölzes mit Ausnahme des roten Samenmantels für den Menschen sehr giftig. Rehe dagegen können die Zweige des Gehölzes fressen.
Merkmale Baum oder Strauch, 2–15 m hoch. Nadeln oben glänzend dunkelgrün, unterseits mit zwei undeutlichen Bändern, biegsam und ledrig. Männliche Blüten gelblich, kugelig.
Vorkommen Häufig und in vielen Sorten als Ziergehölz in Parks und Gärten. Wild in europäischen Gebirgswäldern.

Atlas-Zeder
Cedrus atlantica

> - Nadeln blaugrau, in Büscheln
> - blüht erst im September
> - Zapfen zerfallen auf dem Baum

Zedernholz duftet angenehm. In Kleiderschränke gelegt hilft es gegen Motten. Das aus ihm und den Nadeln gewonnene Öl gilt in der Aromatherapie als ausgleichend. Es soll Kraft und Selbstvertrauen geben.
Merkmale Baum, bis zu 20 m hoch, mit kegelförmiger Krone. Trauerform mit mähnenartig hängenden Ästen. Nadeln 2–3 cm lang. Männliche Blüten in aufrechten, zapfenartigen Ständen. Tonnenförmige Fruchtzapfen bis zu 8 cm lang.
Vorkommen Häufig als auffälliger Zierbaum in Gärten und Parks. Stammform wild im Atlasgebirge in Nordafrika.

Nadeln oder Schuppenblätter

Europäische Lärche
Larix decidua

> - Zweige zeigen im Winter die Höcker, auf denen die Nadeln saßen
> - braucht viel Licht

In Parks und Wäldern fallen Lärchen besonders im Frühjahr und Herbst auf. Zartgrün treiben im Mai die jungen Nadeln aus, ab September färben sie sich leuchtend gelb, bevor sie schließlich abfallen. Das harte, rötlich braune Lärchenholz ist sehr dauerhaft und widerstandsfähig gegen Pilze und Wasser. Früher verbaute man es zu Schiffen und Wasserleitungen. Heute liefert es Fensterrahmen, Türen sowie Erdverschalungen. Dank der dekorativen Zeichnung der Jahresringe eignet sich Lärchenholz auch für Möbel und Wandtäfelungen.

Merkmale Baum, 25–35 m hoch, kegelförmig. Viele hellgrüne Nadeln sitzen in Büscheln zusammen. Zapfen eiförmig, 2–6 cm lang, Zapfenschuppen anliegend. Die ähnliche Japanische Lärche hat bläulich grüne Nadeln und umgebogene Zapfenschuppen.

Vorkommen In Parks und Gärten gepflanzt, als Forstbaum kultiviert. Wild in den Alpen und Karpaten.

Wald-Kiefer, Föhre
Pinus sylvestris

> - Rinde unten braun, oben rötlich
> - Zapfen öffnen sich mit einem Knacken

Diese Kiefer ist einer der wichtigsten Nutzholzbäume in Europa. Das helle Holz dunkelt mit der Zeit nach und besitzt eine schöne Maserung. Es eignet sich für Möbel, den Innenausbau, Spanplatten und Balken. Der Name »Kiefer« leitet sich von »Kienforen« ab – harzreiche, brennende Kienspäne beleuchteten früher die Unterkünfte. Aus dem Harz lässt sich Terpentin gewinnen. Die Schuppen der reifen Zapfen spreizen sich bei trockenem Wetter ab, bei Feuchtigkeit schließen sie sich wieder. So stellt der Baum sicher, dass die geflügelten Samen nicht nass werden und der Wind sie fortblasen kann.

Merkmale Baum, 15–40 m hoch, mit kegel- bis schirmförmigem Wuchs. Blaugrüne, bis zu 7 cm lange Nadeln in Bündeln zu zweit. Blüht von Mai bis Juni, die männlichen Blüten entlassen viel gelben Blütenstaub, den der Wind verbläst. Zapfen 3–6 cm lang, am Grund meist schief.

Vorkommen Dekorativer Parkbaum, Zwergsorten auch in Gärten. Weit verbreitet in Europa und bis nach Asien.

Nadeln oder Schuppenblätter

> - Zapfen stehen ab
> - erträgt Trockenheit
> - sieht oft malerisch aus

Schwarz-Kiefer
Pinus nigra

Die dunkle Rinde führte zum Namen des Baums. Von Nahem betrachtet ist sie dunkelgrau bis schwarzbraun gemustert und tief gefurcht. Die Rindenschuppen lassen sich wie Puzzleteile ablösen.

Merkmale Baum 20–30 m hoch, mit anfangs kegel-, später schirmförmiger Krone. Für Gärten gibt es kurzstämmige Bäume und Säulenformen. Bis über 10 cm lange Nadeln in Bündeln zu zweit. Zapfen 3–8 cm lang, meist eiförmig.

Vorkommen Als Park- und Forstbaum gepflanzt. Heimisch in Südeuropa, im Osten Österreichs und in Kleinasien.

> - wächst nur langsam
> - erträgt große Kälte
> - Zapfen fallen geschlossen ab

Zirbel-Kiefer, Arve
Pinus cembra

Nagetiere und Vögel zerlegen die Zapfen, um an die ungeflügelten, sehr nährstoffreichen Samen zu gelangen. Auch für uns sind sie eine schmackhafte Knabberei. Feinkostläden und Reformhäuser führen sie gelegentlich als »Zirbelnüsse« oder »Zedernüsse«.

Merkmale Baum, 10–20 m hoch, dicht, mit kegelförmiger, später gerundeter Krone. Je fünf ziemlich steife, 5–8 cm lange Nadeln bilden ein Bündel. Zapfen eiförmig, anfangs violett.

Vorkommen Schön in Gärten und Parks. Heimisch in Nadelwäldern der Alpen bis zur Waldgrenze und der Taiga.

> - schlaffe, hängende Nadeln
> - Zapfen oft mit Harztropfen
> - Nadeln zu fünf in Bündeln

Tränen-Kiefer
Pinus wallichiana

Als junger Baum wirkt diese Kiefer sehr elegant in Gärten und Parks. Später brechen oft Zweige ab und die Krone wird unregelmäßig. Außerdem erträgt der Baum im Winter nicht allzu viel Sonne und leidet in heißen Sommern. Ungünstig stehende Exemplare sterben dann ab.

Merkmale Baum, 15–20 m hoch, locker wachsend. Nadeln bis zu 20 cm lang. Hängende Zapfen werden bis über 25 cm lang und sind bananenartig gekrümmt.

Vorkommen Auffallender Zierbaum in Mitteleuropa. Wild vom Himalaja bis Afghanistan bis in Höhen von 4000 m.

Nadeln oder Schuppenblätter

> - männliche Blüten rot
> - kugelige Zapfen um 1 cm groß
> - giftig, riecht aromatisch

Lawsons Scheinzypresse
Chamaecyparis lawsoniana

Aus dem Namen geht hervor, dass dieses Gehölz der Mittelmeer-Zypresse ähnelt, der es in Mitteleuropa meist zu kalt ist. Die Scheinzypresse steht häufig auf Gräbern und symbolisiert als immergrünes Gehölz das ewige Leben.
Merkmale Baum, 2–35 m hoch, säulen-, kegel- oder kugelförmig. Zweige abgeflacht, fächer- oder fiederartig ausgebreitet. Dicht stehende Schuppenblätter ergeben unterseits ein x-förmiges Muster.
Vorkommen In vielen Sorten beliebtes Ziergehölz in Gärten, Parks und auf Friedhöfen. Stammt aus Nordamerika.

> - beliebt als Heckengehölz
> - reife Zapfen spreizen weit
> - riecht zerrieben herb-würzig

Abendländischer Lebensbaum
Thuja occidentalis

Das Gehölz enthält giftiges ätherisches Öl. Früher diente die Pflanze als Abtreibungsmittel. Dies endete oft für den Fötus und die Schwangere tödlich. Der Kontakt mit den Zweigen, etwa beim Schneiden einer Thujahecke, kann Hautreizungen und Allergien auslösen.
Merkmale Gehölz, 5–10 m hoch, schmal kegelförmig, mit abstehenden Ästen. Mattgrüne Schuppenblätter mit auffälliger Wachsdrüse. Zapfen länglich eiförmig, bis zu 1 cm lang.
Vorkommen Sehr häufig in Parks, Gärten und auf Friedhöfen, auch als Windschutz. Heimisch in Nordamerika.

> - fächerartige, senkrecht stehende Zweige
> - unreife Zapfen blaugrün

Morgenländischer Lebensbaum
Platycladus orientalis (Thuja orientalis)

Dieser Lebensbaum wächst etwas langsamer als der Abendländische Lebensbaum und reagiert empfindlicher auf starke Fröste und kalte Winde. Für Gärten sind besonders solche Sorten beliebt, deren Schuppenblätter das ganze Jahr goldgelb gefärbt sind.
Merkmale Gehölz, 5–10 m hoch, mit aufrecht stehenden Ästen. Schuppenblätter frisch- oder gelbgrün, duften nur schwach. Zapfen mit auffälligen hornartigen Fortsätzen.
Vorkommen Verschiedene Sorten als Ziergehölz in Gärten, Parks und auf Friedhöfen. Stammt aus Ostasien.

Register

A
Abies alba 76
– *koreana* 74
– *nordmanniana* 74
Acer campestre 56
– *japonicum* 56
– *negundo* 68
– *platanoides* 54
– *pseudoplatanus* 56
Aesculus hippocastanum 70
– × *carnea* 72
Ahorn, Berg- 56
-, Eschen- 68
-, Feld- 56
-, Japanischer 56
-, Spitz- 54
Ailanthus altissima 68
Akazie, Falsche 66
Alnus glutinosa 30
Amberbaum, Amerikanischer 58
Amelanchier lamarckii 44
Andentanne 80
Apfel 42
Aprikose 40
Araucaria araucana 80
Araukarie, Chilenische 80
Arve 86
Atlas-Zeder 82

B
Bastard-Platane 54
Bastard-Schwarz-Pappel 50
Baum-Hasel 32
Berg-Ahorn 56
Berg-Ulme 34
Betula pendula 30
Birke, Hänge- 30
-, Weiß- 30
Birnbaum, Schweizer 54
Birne 42
Blau-Fichte 78
Blauglockenbaum 14
Blumen-Hartriegel, Japanischer 10
Blut-Buche 18
Blut-Pflaume 38
Blüten-Kirsche, Japanische 36
Bodnant-Schneeball 28
Buche, Blut- 18
-, Hänge- 18
-, Rot- 18
Buchsbaum 12
Buddleya davidii 26
Buxus sempervirens 12

C
Carpinus betulus 30
Castanea sativa 34
Catalpa bignonioides 14
Cedrus atlantica 82
Cercidiphyllum japonicum 24
Cercis siliquastrum 20
Chamaecyparis lawsoniana 88
Christusdorn 64

Cornus kousa 10
– *mas* 10
– *sanguinea* 10
Corylus avellana 32
– *colurna* 32
Cotinus coggygria 20
Crataegus laevigata 'Pauls Scarlett' 58
Cydonia oblonga 18

D
Douglasie 78

E
Eberesche 64
Edel-Kastanie 34
Eibe, Gewöhnliche 82
Eiche, Amerikanische 52
-, Rot- 52
-, Stiel- 52
-, Trauben- 52
Elsbeere 54
Erle, Schwarz- 30
Esche, Gewöhnliche 70
Eschen-Ahorn 68
Espe 50
Ess-Kastanie 34
Essigbaum 68
Euonymus europaea 24

F
Fagus sylvatica 18
Falscher Jasmin 46
Faulbaum 22
Feld-Ahorn 56
Felsenbirne, Kupfer- 44
Feuerdorn, Mittelmeer- 46
Fichte, Blau- 78
-, Gewöhnliche 76
-, Rot- 76
-, Serbische 78
-, Stech- 78
Flieder, Gewöhnlicher 14
Flügelnuss, Kaukasische 62
Föhre 84
Forsythia × *intermedia* 26
Forsythie 26
Frangula alnus 22
Fraxinus excelsior 70

G
Ginkgo 60
Ginkgo biloba 60
Gleditschie 64
Gleditsia triacanthos 64
Goldglöckchen 26
Goldregen, Gewöhnlicher 66
Götterbaum 68

H
Hainbuche 30
Hamamelis × *intermedia* 32
Hänge-Birke 30
Hänge-Buche 18

Hänge-Silber-Weide 48
Hartriegel, Blutroter 10
Hasel, Baum- 32
-, Gewöhnliche 32
-, Korkenzieher- 32
Hemlocktanne, Kanadische 74
Herlitze 10
Hippophae rhamnoides 22
Holler 62
Holunder, Schwarzer 62
Hybrid-Zaubernuss 32

I/J
Ilex aquifolium 34
Jasmin, Winter- 72
Jasminum nudiflorum 72
Judasbaum, Gewöhnlicher 20
Juglans regia 62
Juniperus communis 82

K
Kaiser-Paulownie 14
Kanada-Pappel 50
Kastanie, Ess- 34
Katsurabaum 24
Kiefer, Schwarz- 86
-, Tränen- 86
-, Wald- 84
-, Zirbel- 86
Kirsche, Lorbeer- 20
-, Sauer- 36
-, Süß- 36
-, Vogel- 36
Kirschlorbeer 20
Kirschpflaume 38
Knallerbse 12
Kolben-Sumach 68
Kolkwitzia amabilis 28
Kolkwitzie 28
Korb-Weide 22
Kornelkirsche 10
Korkenzieher-Hasel 32
Kreuzdorn, Echter 24
-, Purgier- 24
Kuchenbaum 24
Kultur-Apfel 42
Kultur-Birne 42
Kupfer-Felsenbirne 44

L
Laburnum anagyroides 66
Lärche, Europäische 84
Larix decidua 84
Lebensbaum, Abendländischer 88
-, Morgenländischer 88
Lederhülsenbaum 64
Ligustrum, Gewöhnlicher 12
Ligustrum vulgare 12
Linde, Silber- 48
-, Winter- 46
Liquidambar styraciflua 58
Liriodendron tulipifera 60
Lorbeer-Kirsche 20

M
Magnolia stellata 16
– × *soulangiana* 16
Magnolie, Stern- 16
-, Tulpen- 16
Mahonia aquifolium 72
Mahonie, Gewöhnliche 72
Malus domestica 42
Mammutbaum 80
Marille 40
Maßholder 56
Mehlbeere, Gewöhnliche 44
Mespilus germanica 44
Metasequoia glyptostroboides 80
Mispel, Deutsche 44
-, Echte 44
Mittelmeer-Feuerdorn 46
Myrobalane 38

N
Nacktpfirsich 40
Nektarine 40
Nordmanns-Tanne 74
Nussbaum, Kaukasischer 62

O/P
Omorika-Fichte 78
Pagodenbaum 66
Pappel, Bastard-Schwarz- 50
-, Kanada- 50
-, Pyramiden- 50
-, Silber- 60
-, Zitter- 50
Paulownia tomentosa 14
Paulownie, Kaiser- 14
Perlmuttstrauch 28
Perückenstrauch, Europäischer 20
Pfaffenhütchen, Gewöhnliches 24
Pfeifenstrauch, Gewöhnlicher 46
Pfirsich 40
-, Platt- 40
Pflaume 40
-, Blut- 38
Philadelphus coronarius 46
Picea abies 76
– *omorika* 78
– *pungens* 78
Pinus cembra 86
– *nigra* 86
– *sylvestris* 84
– *wallichiana* 86
Platane, Bastard- 54
Platanus × *hispanica* 54
Platt-Pfirsich 40
Platycladus orientalis 88
Populus alba 60
– *nigra* 'Italica' 50
– *tremula* 50
– × *canadensis* 50
Prunus armeniaca 40
– *avium* 36
– *cerasifera* 38
– *cerasus* 36

91

Register

– *domestica* 40
– *laurocerasus* 20
– *padus* 38
– *persica* 40
– *serrulata* 36
– *spinosa* 38
Pseudotsuga menziesii 78
Pterocarya fraxinifolia 62
Pulverholz 22
Purgier-Kreuzdorn 24
Pyracantha coccinea 46
Pyramiden-Pappel 50
Pyrus communis 42

Q
Quercus petraea 52
– *robur* 52
– *rubra* 52
Quitte, Echte 18

R
Rhamnus cathartica 24
Rhododendron-Hybride 16
Rhus hirta 68
– *typhina* 68
Robinia pseudoacacia 66
Robinie, Gewöhnliche 66
Rosskastanie, Gewöhnliche 70
–, Rotblühende 72
Rot-Buche 18
Rot-Eiche 52
Rot-Fichte 76
Rotdorn 58

S
Sal-Weide 48
Salix alba 48
– *caprea* 48
– *viminalis* 22
Sambucus nigra 62
Sanddorn, Gewöhnlicher 22
Sauer-Kirsche 36
Schattenmorelle 36
Scheinzypresse, Lawsons 88
Schlehe, Gewöhnliche 38
Schmetterlingsstrauch 26
Schneeball, Bodnant- 28
–, Gewöhnlicher 58
–, Wolliger 28
Schneebeere, Gewöhnliche 12
Schnurbaum, Japanischer 66
Schwarz-Erle 30
Schwarz-Kiefer 86
Schwarzdorn 38
Sequoiadendron giganteum
Silber-Linde 48
Silber-Pappel 60
Silbertanne 78
Sommerflieder, Gewöhnlicher 26
Sophora japonica 66
Sorbus aria 42
– *aucuparia* 64
– *domestica* 64

– *torminalis* 54
Speierling 64
Spitz-Ahorn 54
Stech-Fichte 78
Stechpalme, Gewöhnliche 34
Stern-Magnolie 16
Stiel-Eiche 52
Styphnolobium japonicum 66
Sumach, Kolben- 68
Süß-Kirsche 36
Symphoricarpos albus 12
Syringa vulgaris 14

T
Tanne, Koreanische 74
–, Nordmanns- 74
–, Weiß- 76
Taxus baccata 82
Thuja occidentalis 88
– *orientalis* 88
Tilia cordata 46
– *tomentosa* 48
Tränen-Kiefer 86
Trauben-Eiche 52
Traubenkirsche, Gewöhnliche 38
Trompetenbaum, Gewöhnlicher 14
Tsuga canadensis 74
Tulpen-Magnolie 16
Tulpenbaum 60

U
Ulme, Berg- 34
Ulmus glabra 34
Urweltmammutbaum 80

V
Viburnum lantana 28
– *opulus* 58
– × *bodnantense* 28
Vogel-Kirsche 36
Vogelbeere 64

W
Wacholder, Gewöhnlicher 82
Wald-Kiefer 84
Walnuss, Echte 62
Weichsel 36
Weide, Hänge-Silber- 48
–, Korb- 22
–, Sal- 48
Weiß-Birke 30
Weiß-Tanne 76
Weißbuche 30
Wellingtonie 80
Winter-Jasmin 72
Winter-Linde 46

Z
Zaubernuss, Hybrid- 32
Zirbel-Kiefer 86
Zitter-Pappel 50
Zwetschge 40

Impressum

Mit 137 Farbfotos von **Roland Spohn** sowie 7 Piktogrammen und 24 Illustrationen von **Wolfgang Lang**.

Umschlaggestaltung von eStudio Calamar unter Verwendung von 3 Farbfotos: Japanischer Ahorn (*Acer japonicum*, Vorderseite) von Roland Spohn. Rückseite: Esskastanie (*Castanea sativa*, links) und Pfirsich (*Prunus persica*, rechts), beide von Roland Spohn.
Das Foto auf Seite 8/9 zeigt Rot-Buchen *(Fagus sylvatica)* von Roland Spohn.

Unser gesamtes lieferbares Programm und viele weitere Informationen zu unseren Büchern, Spielen, Experimentierkästen, DVDs, Autoren und Aktivitäten finden Sie unter **kosmos.de**

Gedruckt auf chlorfrei gebleichtem Papier

© 2013, Franckh-Kosmos Verlags-GmbH & Co. KG, Stuttgart
Alle Rechte vorbehalten
ISBN 978-3-440-13386-6
Projektleitung: Dr. Stefan Raps
Lektorat, Satz, Bildauswahl: Barbara Kiesewetter, München
Produktion: Markus Schärtlein
Printed in Italy/Imprimé en Italie

KOSMOS.
Natur neu entdecken.

Ideal für unterwegs

In diesem Naturführer finden Sie die 126 häufigsten heimischen Gartenvögel im Porträt mit brillanten Fotos und allen typischen Merkmalen auf einen Blick. Mit dem bewährten Kosmos-Farbcode bestimmen Sie schnell und treffsicher.

Jeder Band mit 80-128 Seiten, bis ca. 200 Abb., je €/D 4,95

kosmos.de/natur

**Macht Spaß.
Macht Sinn.**

Die Natur schützen mit dem NABU. Mach mit!

www.NABU.de/aktiv

Symbole und Bestimmungsmerkmale

Die Symbole im Porträtteil

 Blätter einfach, ganzrandig, gegenständig
Seite 10–15

 Blätter einfach, ganzrandig, wechselständig
Seite 16–23

 Blätter einfach, gekerbt bis gesägt, gegenständig,
Seite 24–29

 Blätter einfach, gekerbt bis gesägt, wechselständig,
Seite 30–51

 Blätter einfach, gelappt, Seite 52–61

 Blätter zusammengesetzt, Seite 62–73

 Nadeln oder Schuppenblätter, Seite 74–89

Die wichtigsten Bestimmungsmerkmale

Blattstellung

gegenständig

wechselständig

Nadeln in Büscheln

Nadeln in Bündeln